グループホーム読本
痴呆性高齢者ケアの切り札

Toyama Tadashi
外山 義 編著

ミネルヴァ書房

はじめに

　痴呆性高齢者ケアのあり方がいま、問われています。
　現在わが国には約150万人の痴呆性高齢者の方がおられると推定されています。そのうち約3／4が在宅において主に家族の方々によって介護され、残りの1／4に相当する方々が施設において介護されています。
　この本では、この痴呆性高齢者のケアの形として、近年注目を集めているグループホームに関する国内の最も新しい情報のみならず、今後のあるべき姿、そしてさらに日本に15年先駆けて痴呆性高齢者グループホームを導入したスウェーデンの直近の情報をご紹介します。
　それではなぜ、今日、痴呆性高齢者グループホームが、求められているのでしょうか。その背景から少しお話してみましょう。

　その背景は大きく二つあります。一つは在宅の痴呆性高齢者ケアをめぐる状況、いま一つは施設での状況です。まず在宅ですが、2000年4月からいよいよ介護保険が導入されます。介護保険は「高齢者が住み慣れた在宅で生活を継続するのを支援する」ことをその基本理念に掲げています。具体的には、ホームヘルプサービスや訪問医療看護、デイサービスなどを日常生活のポイント、ポイントで利用することによって、できるだけ自立（自律）的な生活が可能となるように支えるのがねらいです。しかし、この点的に支えるサービスは身体介護系の要介護高齢者には適合するのですが、痴呆性高齢者ケアにおいては異なるニーズがあります。痴呆症のケアは目が離せない。いわば線的なケアのニーズが特徴なのです。そういう意味で介護する側の負担も24時間、365日続いていかざるを得ない。つまり、痴呆性高齢者のケアというのは、ホームヘルプサービスや訪問看護がある程度ゆき届き、住宅改造がなされても、解決されにくい課題として残るという側面があるのです。
　さらに、在宅における家族による介護にはメンタルな問題もあります。それは、家族は本当に痴呆性高齢者の最大の理解者であり、最良の介護者なのかという問いです。逆に肉親ゆえのニーズのつかみにくさ、"死角"はないでしょうか。相手のことは自分が一番良く知っているという思い込み、元気で活躍していた時代を共に暮らしてきたが故に、目の前で肉親の自立が崩れていく現実を容易に受容できないという側面があります。「あの元気だったお母さんがこんなになってしまうはずがない。やればやれるのに、どうしてやってくれないの」といった苛立ちが生じ、

強者が弱者に向かう構図ができてしまいます。

　また、家族介護者自身の人生や自己実現が、介護に携わることで犠牲にされるという側面もあります。「自分には本当はやりたいことが他にある。しかしできない」。こうした状況下では、介護者にとって、ケアすることは自己実現を断念することにつながってしまいます。これは介護する側にとって大きなストレスであることは言うまでもありませんが、実は介護を受ける側をもじわじわと苦しめてゆくことになります。この点、プロの専門職にとっては介護すること自体が自己実現であるといってよいでしょう。家族はこうした困難な立場のなかで、地域や親類の目を気にしながらぎりぎりまで家庭内で介護を抱え込んで頑張ります。その結果、老人虐待につながるような事態が起こったり、高齢者と介護者が共倒れになってしまったりするケースが後をたたない。こうして、高齢者と家族の双方が、犠牲者となってゆくような事態は避けなければなりません。

　さて、いま一つは施設ケア側の背景です。現在、特別養護老人ホーム、老人保健施設、老人病院、そして精神病院などで痴呆性高齢者ケアが行われていますが、こうした施設は、元来、痴呆症のケアを主目的として登場してきたケア形態ではありません。また、痴呆症の中核症状である記憶障害や見当識障害（日時や場所の感覚がつかめなくなる）への根本的な治療法は、未だ見いだせていないのです。したがって、その周辺症状や随伴症状として、不安やストレスなどの結果現われてくる徘徊や妄想などのいわゆる問題行動を、コントロール（管理・抑制）するという手法に頼らざるを得なくなります。薬によるコントロール、物理的・空間的拘束、あるいは言葉による禁止などの処置が取られます。これらは根本治療になるどころか、痴呆性高齢者のストレスや不安を倍加させることで悪循環を引き起こしています。

　そもそも現状の施設は、住居としての空間スケールをはるかに逸脱し、繰り返しパターンの多い巨大で複雑な建物です。しかも永年暮らしの中で馴染んできた日常生活のための設えもほとんどなく、痴呆性高齢者たちは、どう振る舞っていいか分からなくなります。そうした環境の中で、彼らがもっとも不得手とする、大集団での管理的なプログラムによるケアが実施されているのが多くの施設の現状です。

グループホームは、こうした在宅と施設双方の課題を乗り越える可能性を秘めたケアの形として登場してきました。「自宅ではない在宅」として、集団処遇とは異なるケアの場として、大きな期待が寄せられています。

　住み慣れた自宅ではないけれど、家庭的な雰囲気のなかで時間がゆったりと流れ、専門のスタッフにさりげなく見守られながら、一人ひとりがその人らしい生活のペースを再構築していく。そんな場が求められてきたのです。その結果、痴呆症自体は治癒するわけではありませんが、その進行を遅らせたり、随伴症状が著しく改善された状態で暮らしを続けられるようになるのです。さらに、「もう一つの家」であるグループホームがあることによって、家族との程良い距離が確保できるようになり、お互いがもう一度出会い直すことも可能になります。厳密な意味では住宅ではないけれど、従来の枠組みでの施設でもありません。しかし痴呆性高齢者自身の側からは、安心して生活でき、かつ「身の置き所」になる住まいであり、同時に24時間専門のスタッフが張り付いてくれる施設でもあります。

　この本は、第Ⅰ部「グループホームをつくる」第Ⅱ部「スウェーデンのグループホームの今」から成っています。痴呆性高齢者ケアに関わる複数領域の研究者、現場の専門家、家族、ジャーナリスト、そして行政の担当者が会合を繰り返し、原稿を互いに読み合い、海外調査を行なってまとめ上げた痴呆性高齢者グループホーム読本です。

　第Ⅰ部では痴呆性高齢者グループホームの基本理念に始まり、ケアの内容と運営、地域における成立要件、そして建築計画について述べています。第Ⅱ部では痴呆性高齢者グループホームを全国に導入してすでに15年を経たスウェーデンの現況を、今後のわが国の動向にできるだけ参考になる形で紹介しています。また付属資料としてわが国における現状、厚生省関連基準も載せています。

　グループホームを近い将来始める計画を持っておられる方はもちろんのこと、ご家族や身近に痴呆性高齢者がおられ直接間接に介護に関わっておられる方、施設や自治体で専門職として働いておられる方、広い意味での高齢者福祉に関心がおありの方など、様々な方々にお読みいただきたいと思います。

グループホームを計画しておられる方は、第Ⅰ部第4章―1の「立地に関する要件」から、介護をしておられるご家族の方は第Ⅰ部第2章1の「利用者」、2の「グループホームの生活とケア」、第3章―3「家族とグループホームの関わりについて」、そして行政の方は第Ⅰ部第3章「成立のための地域の要件」、さらに高齢者福祉に広いご関心をお持ちの方は第Ⅱ部「スウェーデンのグループホームの今」あたりからお読みになってはいかがでしょうか。

　　痴呆性高齢者とその家族にとっての新しい世紀が
　　拓かれることを願いつつ――

外山　義

〔目次〕

はじめに

I部　グループホームをつくる

第1章　グループホームの基本理念
1　グループホームとは　*4*
2　なぜグループホームなのか　*4*
3　グループホームの対象者　*5*
4　グループホームと医療　*6*
5　グループホームと利用者の家族　*6*
6　グループホームと地域　*7*
7　グループホームの発展性　*7*
8　グループホームが示唆する21世紀の高齢者ケア　*8*

第2章　成否の鍵を握る運営方法
1　利用者　*10*
2　グループホームの生活とケア　*15*
3　ケア体制　*26*

第3章　成立のための地域の要件
1　市町村等の役割について　*41*
2　医療との関わりについて　*46*
3　家族とグループホームの関わりについて　*51*
4　地域の資源の利用について　*56*

第4章　建築計画と実例
1　立地に関する要件　*59*
2　規模と形態　*61*
3　空間構成のあり方　*62*
4　計画上のポイント　*65*
5　既存建築物転用の場合の留意点　*89*

II部　スウェーデンのグループホームの今

第5章　スウェーデンの痴呆性高齢者ケア
1　歴史と沿革　109
2　現　状　110
3　将来の展望　112
4　わが国のグループホームを考えるうえで　112
5　用語の整理　113

第6章　さまざまな形のグループホーム
1　老人ホームを改修した初期のグループホーム　118
2　老人ホームを部分的に改築したグループホーム　125
3　サービスハウスを改築したグループホーム　131
4　長期療養病棟を改築したグループホーム　138
5　高齢者住宅、老人ホームと複合された市営グループホーム　146
6　民間の建物を借り上げたグループホーム　152
7　高齢障害者住宅の中のグループホーム　157
8　痴呆ケア研修センター　161

資料編

1　わが国における痴呆性高齢者向けグループホームの現状　169
2　厚生省グループホーム関連基準　176

索　引　………………………………………202

Ⅰ部
グループホームをつくる

第1章
グループホームの基本理念

　今日、痴呆性高齢者の介護は、高齢社会を迎えたわが国において避けて通れない課題となっています。

　私たち誰もが願うのは、家族の誰かが痴呆症になった時に「個人の尊厳が保たれるその人らしい生活をさせてあげたい」ということであり、また自分自身が痴呆症になった時には「介護のために家族を破綻に追い込むようなことにはしたくない」ということです。しかし現状は、そうした願いが十分に達成されていると言える状況にはありません。

　今、在宅での生活を続けることが困難になった痴呆性高齢者は、特別養護老人ホームや老人保健施設、そして一部の病院などで生活していますが、これらの施設はもともと痴呆性高齢者を対象として創設されたものではありません。このため、痴呆性高齢者は、さまざまな制約の中でストレスの多い状況に置かれていたり、症状が進むと転院を求められ、転院することが原因となってさらに症状が悪化するケースも少なくありません。もちろん、痴呆性高齢者の生活が少しでも改善されるよう、こうした施設においてもこれまでに数々の努力がなされてきました。しかし、既存の枠組みでは、限界があったことも事実なのです。

　今日、高齢社会を迎えたわが国において求められているのは、痴呆性高齢者が個人の尊厳とQOL（Quality Of Life、生活の質）を保ちながら穏やかな老後をおくることができ、その家族も安心して日常生活や生産活動に従事できるような社会的支援です。高齢者介護サービスの量的整備を最優先としたゴールドプラン、新ゴールドプラン（1990〜2000年）を経て、今、高いケアの質が求められるポスト・ゴールドプラン時代に入ろうとしているのです。本書では、誰もが痴呆になる可能性を抱え、それを社会的に支える合意が形成されつつある介護保険時代において、痴呆性高齢者対策の新たな柱として、グループホームを提案したいと思います。

1 グループホームとは

(1) 家庭的でこぢんまりとした生活空間としてのグループホーム

　痴呆性高齢者グループホームとは、家庭的でこぢんまりとした生活空間で、少人数の痴呆性高齢者が継続的なグループを保ち、ケアを受けながらできるだけ自立的な生活をするためのケア形態です。

　入居者はベッドで寝ながら画一的なケアを受けるのを待っているのではなく、生活の主体として、個々人に残された残存能力を最大限に活かすために必要なケアを受けます。そのための生活空間も、従来の病院のように衛生的であることを最優先にした療養空間ではなく、その人らしい生活を展開できるためのきっかけに満ちた家庭的な環境が重要となります。

(2)「生活のパートナー」として
　　痴呆性高齢者の暮らしを支えるグループホームケア

　グループホームの基本は、「痴呆性高齢者が、自らの家で普通の生活をおくることができるような環境づくり」を行うことにあります。したがって、入居している高齢者は「介護を受ける者」ではなく、「生活する主体」として、また、スタッフは「介護の提供者」ではなく、「生活のパートナー」としての意識を共有することが何よりも重要です。

　このため、後で詳述するように、グループホームにおいては、「ゆったりと、自由な暮らし」「穏やかで、安らぎのある暮らし」「自分でやれる、喜びと達成感のある暮らし」「自分らしさや誇りを保った暮らし」といったことが実現できるようなケアが求められるのです。

2 なぜグループホームなのか

(1) 認知障害にともなう問題行動の緩和

　痴呆性高齢者にとって、なぜグループホームが有用なのでしょうか。それを理解するためには痴呆性高齢者を認知障害者として捉えることがポイントとなります。

　この方たちにとって、振る舞いやすい居住空間と、少人数の人間関係を提供することができれば、生活行動障害や問題行動を緩和し、認知障害者の陥りやすい混乱を最小限に抑えることが可能となります。自発的に行為を組み立てることのできなくなった認知障害者も、生活環境を整えたり、少人数の人間関係の中での役割を作るなど、外からの働きかけによって失われた行為を再び引き出し、立て直すことができるのです。

グループホームで「普通」の生活を送る中で、生活すること自体がリハビリとなり、痴呆症の進行の抑制につながるという考え方、痴呆症そのものは治療できないが、痴呆性高齢者の「問題」とみなされている行動は、ケアによって緩和できるという考え方に基づいているのです。

(2) 安心感と意欲の増進

そして、グループホームという少人数の継続的な生活の場の中で、個性を尊重されているという実感は安心感につながります。高齢者は、集団の中で自らの役割をみいだすことにより生きる意欲を引き出され、痴呆性高齢者にありがちな無気力な生活から抜け出すことができるのです。

今までの施設サービスでは、「いかに効率的にケアを提供するか」というサービス供給者の論理が優先されがちでした。そのため、痴呆性高齢者はサービス提供者の「効率の論理」が優先される状況の中で、混乱が倍加していたといえます。

グループホームでは、認知障害をもつサービス利用者が、「いかに混乱なく生活するか」という論理を可能なかぎり優先させ、本人の自立を支援します。そのことで痴呆性高齢者が「人間的に普通に生活する」という最大の目的を達成することが可能となるのです。

(3) 生活の継続性・主体性・自己決定の原則の尊重

痴呆性高齢者の立場から考えますと、こうしたケアが展開されることで、さまざまなメリットが期待できます。まず、痴呆症になったからといって全く異なる場に隔離されてしまうのではなく、継続性が尊重される。また自分の慣れ親しんだ生活スタイルを続けることは、生活の主体性を確保でき本人の満足度を高めるばかりではなく、痴呆性高齢者が陥りがちな混乱を最小限にとどめることを助けるでしょう。痴呆性高齢者の生活の継続性や、主体性、自己決定の原則などが尊重されることは、彼らにとって最も重要なことなのです。

3 グループホームの対象者

グループホームというケア手法は、とりわけ、ある程度のADLが保たれていて言語などのコミュニケーション能力が残されている、中等度の痴呆性高齢者に対して、大きな効果を発揮します。このため、グループホームの数が限られ、福祉の予算が限られている中では、こうした中等度の痴呆性高齢者を主な利用者として展開されている現状にあり

ます。

しかし本人の立場から見れば、重度の痴呆性高齢者にとっても、最も快適な生活空間であることに変わりありません。今後は痴呆が進んでも同じ場所で暮らし続け、終末期も慣れ親しんだ生活環境と人間関係の中で迎えられるようにしていくべきでしょう。そのためには、重度の痴呆性高齢者も利用できるような人員配置や設備運営の基準の見直し、および、グループホームの量的な拡充も望まれます。

4　グループホームと医療

痴呆性高齢者は合併症を抱えていることも多いのですが、自分から症状を訴えられないケースも少なくありません。軽度から重度まで全ての利用者が、慢性疾患を抱えながらも最後まで穏やかに安心して暮らしていけるよう、グループホームは医療サービス機関と密接な協力関係を持っていなければなりません。

ホームには往診に来てくれるかかりつけ医がいて、日常の異変に対応できること、また、倒れたときや骨折したときなど緊急の時には、夜間であっても迅速な対応ができること、さらには、高度な検査や専門医療などを受けられるよう、利用者の通院を支援する仕組みがあることなどが望まれます。

5　グループホームと利用者の家族

少人数の集団で暮らすグループホームでは、家族が入居者と豊かに関われるというメリットもあります。

在宅生活では、痴呆性高齢者と家族介護者が24時間二人きりで向き合ってしまう場合が多く、緊張した人間関係に陥りがちです。また病院では、まわりの患者への遠慮から患者と家族の関係は制限を受けがちです。

グループホームでは、家族が入居者を気軽に訪れ、一緒に時間を過ごすことができます。入居者と一緒に作業を楽しんだり、他の利用者も含めた人間関係の中に自然に溶け込むこともできます。その結果、入居者と家族が豊かな人間関係を取り戻すきっかけにもなり、そのことは高齢者の気持ちの安定や不安の解消につながります。

一方で、グループホームのスタッフにとっては、利用者の生活習慣やかつての生活歴など、家族だからわかるエピソードを聞くこともでき、

高齢者と家族、スタッフのそれぞれとってメリットがあるのです。

6　グループホームと地域

　グループホームでは、高齢者が地域と結びついた生活を送れるような環境が確保されなければなりません。立地の面では、当然ながら、人里離れたところでなく、人々との交流が容易に行える「街の中」に設置される必要があります。そして、グループホームの中では「外に開かれた生活」、つまり、家族や友人が気軽に訪ね、入居者も毎日外に出て地域の中での生活を実感できることが求められます。グループホームは、まさに「家」なのです。しかも、引きこもりがちな痴呆性高齢者が入居するのですから、こうしたことは特に留意すべき必須条件であると言えるでしょう。

　そして、さらに、グループホームが積極的に地域に対して影響を及ぼし、地域のあり方そのものを変え、住民にとってもなくてはならない存在にまで発展することこそが、最終的に目指す目標と思われます。

7　グループホームの発展性

　大規模で画一的なケアになりがちだった今までの施設サービスと比較すると、小規模で機動性に富むグループホームの考え方は、さまざまな発展性を有しています。

(1) 在宅ケアへの発展性

　ひとつは、在宅ケアへの発展性を有する「デイセンター併設型グループホーム」です。

　地域の中に作られ、デイサービスやデイケアをも備えたグループホームは、痴呆性高齢者が慣れ親しんだ環境や人間関係から切り離されることなく、利用することを可能とします。利用日数や利用時間帯を柔軟に調節することで、それぞれの家族の介護力に合わせた対応ができるうえ、できるだけ長く家族とともに在宅で生活したいという痴呆性高齢者のニーズにも応えることもできます。また、ショートステイとして利用することも可能です。痴呆症が進行し家庭での生活が困難になった場合でも、在宅からグループホームにスムーズに移行することができ、環境の激変による本人のダメージを最小限に抑えることができます。

　この他にもさらに、ヘルパーの派遣から、在宅での緊急時の対応、食

事サービスなどにも対応できる、小回りのきくグループホームの運営を期待することができるでしょう。

(2) 施設ケアへの発展性

もうひとつは、施設ケアへの発展性としての「ユニット型グループホーム」です。

いくつかのグループホームを一緒に運営するユニット型のグループホームでは、事務部門や管理部門など共有できるマンパワーや空間を節約することができ、規模の小ささ故に高くなりがちなグループホームの運営コストを低減する可能性を期待できます。

また、特別養護老人ホームや老人保健施設、療養型の病院など、痴呆性高齢者の生活の場としては規模の大きすぎる施設でも、複数ユニットのグループホームの集合体としてリフォームし、グループホーム型のケア体制を確立すれば、将来の痴呆性高齢者ケアの担い手として、質の高いサービスを提供することが可能になるでしょう。

また、こうした複数ユニット型のグループホームでは、症状の激しい処遇困難者をひとつのユニットに集めることで、ほかのユニットを良好な状態に保つことが可能になります。処遇困難者に対しても他の施設に転院させるなどという環境が激変する方法ではなく、同じ施設の中で継続的なケアを行なうことが可能になるのです。

このようなデイセンター併設型やユニット型など、多様なグループホームが充分に整備されれば、将来的には最重度の痴呆性高齢者までグループホームで対応することができ、ターミナルまでの一貫したケアが可能になるでしょう。それにより重度になってからの転院を回避し、転院のために症状が悪化するという悪循環を断ち切ることができます。

8 グループホームが示唆する21世紀の高齢者ケア

(1) 痴呆介護の基本論の確立

21世紀における高齢者ケアのあり方を考える上で、グループホームは多くの示唆を与えてくれます。その第一は、痴呆介護の基本論の確立です。

わが国では、従来「寝たきり」と呼ばれた身体的介護を要する高齢者に対する介護が大きく取り上げられてきましたが、今後、後期高齢者の増加に伴い21世紀には痴呆性高齢者（認知障害者）に対する介護が最も重要なテーマとなってくるでしょう。そして、この痴呆介護の基本は、

身体障害高齢者に対する介護とは本質的に異なっています。身体障害高齢者の介護が「からだ」の機能を中心とするならば、痴呆介護は「あたまとこころ」の機能の問題への対応です。そこには未知の分野が多く、介護の基本論はいまだ体系化されていないものが多いのです。

　今日、グループホームにおいて展開されているさまざまなケアは、試行錯誤を繰り返しながら、痴呆介護の基本論を確立していく上で、重要な役割を果たしていくことでしょう。

(2) 生活環境への配慮

　第二に、グループホームは高齢者の生活環境の重要性に気づかせてくれます。

　グループホームの特徴のひとつは「家」であることです。これまでの施設では、衛生面や安全面が重視されるあまり、高齢者が「普通の生活」をおくる場としての配慮は二次的なものに追いやられてきました。高齢者が自立した生活をおくるためには、その人らしい生活を展開できる家庭的な環境が重要な要素であることをグループホームは示しています。

　また、立地条件も同様に重要なテーマです。グループホームは地域とのつながりが重要であり、この点は、これまでのように人里離れたところに施設をつくってきたことに対する警鐘でもあります。

　グループホームの示唆するいま一つのメッセージは、痴呆性高齢者の暮らしやケアにふさわしい自宅に代わる居住空間を創造し、高齢者の症状が変化してもそれに応じて、ケア・サービスの変化によって対応し、生活の「継続性」をできるだけ貫いていこうとするところにあります。

(3) コストに対する考え方の見直し

　第三は、コストの問題です。

　グループホームでは、高齢者介護に対するコストは、高齢者が生活をおくる場としての「リビング・コスト」と介護サービスに係る「ケア・コスト」とに区分され、前者については高齢者自身が負担し、社会的な保障はケア・コストのみカバーする構造となっています。

　このコストに対する考え方は、今後の施設型ケア全般について適用を考えていくべきものです。施設ケアの高額化に対する解決策のひとつであるとともに、個室化など個人のニーズに沿った居住環境の選択にも資するものなのです。

　実際のところ、グループホームは、小規模であるが故に、スタッフの人件費は施設に比べ割高になることが予想されますが、こうした考え方により、介護保険においても他の施設に比べて高額な給付になることなく、なおかつ個室対応が可能となっているのです。

第2章 成否の鍵を握る運営方法

1 利用者

(1) 利用者像

　グループホームの利用対象者は、従来、「軽度から中等度の痴呆性高齢者」と考えられてきました。また、「ある程度、身の回りのことができ」、「極端な暴力行為や自傷行為がない」ことが、入居の条件として挙げられています。（図2-1：①）

　介護保険制度でも、「要介護者で痴呆であること」「著しい精神症状・行動異常・急性期疾患を有するものは除くこと」がうたわれており、運営基準では、「少人数による共同生活に支障がない者」とされています。

　しかし、グループホームの先行導入国スウェーデンの最近の動向を見ても、また、わが国の先進事例においてもその利用対象者像は次第に変化してきており、従来対象とは想定していなかった、重度痴呆の利用者にも適用が及んできています。

　将来ビジョンとしてのグループホームの利用者を考える場合、従来の限定的な利用者像にとらわれず、ケアや環境の質を見極めながら拡大的に利用者像を捉えてゆく必要があると思われます。

図2-1　利用対象者の拡大

① 痴呆症状は中等度以下、ADLは高い
② 痴呆症状は重度、ADLは高い
③ 痴呆症状は重度、ADLは低い
④ 痴呆症状は中等度以下、ADLは低い

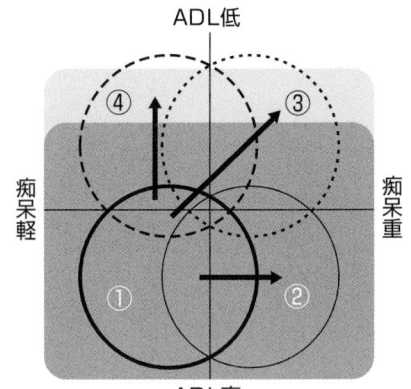

※図2-1に示すように利用対象者像は、今後拡大的に捉え、対応してゆく必要があると思われます。ただし、ADLレベルが極限まで低下した状態が恒常的に続くケースについては、グループホームの有効性が必ずしも充分に発揮されません。

こうした方向性を裏付けるいくつかの理由があります。理由の第一には、「暴力行為や自傷行為」を示している人、「共同生活が不可能」と見られていた人が、グループホームに移ることによりそうした症状が消えて、「共同生活が可能」になることがあげられます。

「魔の3ロック」とよばれる家庭や施設での不適切な対応や、長い廊下、高い天井、大食堂といった日常の生活空間とはかけ離れた施設環境によって、痴呆の高齢者は混乱し、それへの反応として、「異常な行動」が目立つようになります。

3ロック
→34頁参照

その同じ人が、グループホームの安らげる空間に移り、誇りを大切にする水平のケアに接して、しばしば、別人のように穏やかになり、笑顔が蘇るのです。

表面的に精神症状や行動異常を示している高齢者も、生活環境や周囲の対応等によるストレスや不安等に原因がある場合が少なくありません。適切な生活環境をととのえ、その人にあわせた接し方を工夫することで、外に現れる症状は改善されうるのです。

「異常行動」を表面的にみる時代は終わり、背景をよくよく探って対処する時代になったのです。

理由の第二は、高齢者は環境の変化に弱いことです。痴呆の高齢者は、とりわけその傾向が著しくみられます。グループホームの利用者を限定し、「中程度まではグループホーム、重くなったら病院や施設」というのでは、こうした高齢者に「住み慣れた居住空間の喪失」という環境の変化を強いることになりかねません。このような環境の変化そのものが高齢者にもたらす悪影響を考えると、できる限りグループホームで生活を続けることが、まず追求されるべきです。したがって、サービス提供側の都合によって安易に施設や病院に移すことがあってはなりませんし、どうしても他へ移る事情がある場合は、ショックや不安を和らげるための、最大限の配慮をしなければなりません。

理由の第三は、「病院や施設」だからと言って、痴呆性高齢者に対して特別のケア手法が備わっているわけではなく、「重度＝病院・施設」という単純な「あてはめ」は必ずしも通用しないことです。痴呆性高齢者に対するケアのあり方として見ると、グループホームであれ、病院・施設であれ、最も重要なのは、痴呆性高齢者にとって必要なケアや環境が適切に提供されることです。その場合、グループホームに比べ、病院や施設の方がむしろ、痴呆ケアの専門スタッフが十分でなかったりケア環境として劣っていたりするケースは決して例外ではないのです。

理由の第四は、グループホーム先輩国での経験です。実践を重ねた国ほど、グループホームの利用者像は広がっています。

最初は、同程度の症状の高齢者が入居するのですが、時間とともに

症状に差が出てくる。ところが、実際に暮らしてみると、同じグループホームでそのまま支えられることが分かってきました。そこで、一つのグループホームで、人生の最期まで継続的にケアすることの方があたりまえになってきています。

例えば、スウェーデンのグループホームの施設長に、「日本には、グループホームの対象は中等度の痴呆の人で、痴呆度が重くなると他の施設に移ってもらう、という考え方があるのですが」と尋ねたときのことです。先方から、「いったい、どこに彼らが移る場所があるのですか？」という質問が返ってきました。

スウェーデンでも、在宅での対処が難しい病気や身体的な障害が重くなった人が、日本の療養型病床群をグレードアップしたようなシュクヘム（医療起源の介護ホーム）に移ることがあります。だが、その場合も移転先は、「痴呆専用グループホーム」としての形態が整っているところに限られています。

「痴呆性高齢者の異常行動や混乱は、小規模で家庭的な環境での生活を通じてしか緩和されない」という考え方が定着しているからだといいます。

利用者に関して、いま一つ重要な点は、入居して時がたつとともに、個人個人の症状がわかれてゆくという側面です。

脳の全体や一部の機能障害によって、精神症状が重症化する場合（図2-1：②）、それに加えてADL（日常生活動作）の低下を引き起こす場合（図2-1：③）、痴呆症状は軽いままであっても、様々な原因によってADLが低下した場合（図2-1：④）などです。

その場合、グループホームとしてはどのような生活環境とケア手法があれば対応が可能なのか、②、③、④の特性を踏まえた上で、利用者の状態の変化に応じて、グループホームでの生活を継続するためには、一つのグループホームを極めて狭い対象者向けに限定するのではなく、ある程度の幅を持たせ、ひとりの痴呆性高齢者が生活場所をなるべく変えないですむような空間づくりやケアの配慮が必要です。

利用者の生活環境を可能な限り変えないように配慮した上で、複数のユニットの間や地域における複数のグループホーム間で連携をとって、役割分担するのも一つの方法です。

訪問看護ステーション、かかりつけ医などと連携して、在宅ターミナルケアを充実し「看取り」までおこなう実践は、北欧諸国ではすでに日常的に行われていますが、日本でも数々の実践が始まっています。

シュクヘム
→115頁参照

(2) 入居決定プロセスについて

① 入居決定の基本原則

　グループホームケアが効果をあげるには、ご本人がそのグループホームを気に入る、つまり、選択の可能性が確保されることが、第一に重要な要件です。

　本人が意思決定に欠ける場合には、家族だけではなく、成年後見制度などの代弁機能がたやすく利用できる仕組みが必要です。

　グループホームで痴呆性高齢者の生活の質の改善が図られるためには、そのグループホームの生活環境やケア手法とその高齢者の相性がよいことが重要なのです。そこで、それぞれのグループホームで、第一に利用者の状態を的確に把握できる専門的な能力を磨いておくこと、そして第二に受け入れの思想をあらかじめ明確にしておくことが必要になります。

　同時に、実態にあわせて、利用者本位にケア体制を変化させていくことの重要性も忘れてはなりません。

② 専門的な医療的診断

　一見、痴呆様の症状群を示してはいても、痴呆以外の疾患が原因であり、手術など適切な治療によって治癒するもの、痴呆性高齢者向けのグループホームの生活環境やケア手法では、利用者の生活の質の向上につながらない場合もありえます。

　痴呆性高齢者に対する支援の入口として、医学的、専門的な診断を円滑に受けられる体制の整備が重要です。

③ 利用者を決めるためのアセスメント

　グループホームがその特性を発揮するには、適切なアセスメントを行い、個別に心身の状況や置かれた状況についての的確な判断を行うことが不可欠です。

　グループホームの生活環境やケア手法の特性によっては、そのグループホームが希望者を受け入れられない場合もありえます。この場合には、本人や代理人、家族の納得が得られるような十分に説明することが、利用者側の信頼を得るために重要な点となります。

　入居を断る場合、納得してその結果を受け入れてもらうためには、アセスメントの手法は十分な説明性と説得力を持つものでなければなりません。

　痴呆の特性を考えれば、アセスメントを行うために一定期間以上の観察が必要です。少人数で24時間、生活をともにしながらケアする、とい

うグループホームの特色を生かし、併設のデイサービス等の利用やグループホームの短期利用等による継続的なアセスメントを行う体制を整えたいものです。

④ 入居のためのアセスメント

グループホームでのケアの真髄は「その人らしさ」の実現です。

それを実現するには、サービス提供の場での観察だけでなく、それまでの住まいや縁ある人々を訪ねることが不可欠になります。

環境が変化することによる不安やショックを最小限にするためには、家具や想い出の品々をグループホームの居室に運んで、馴染みのある空間にしつらえなければなりません。「ここは自分の居場所」と思えれば、「家に帰る」と職員を困らせることも少なくなります。

また、その方のこれまでの人生での出来事や経験、家庭、職場での役割、誇りに思っていること、大切な人やものを把握することも重要です。この場合、大切なのは、「誰が、その人の過去や個性をもっともよく知っているか」を尋ね当てることです。

介護していた家族（例えば息子の妻）は、若い頃や幼い頃のことは知らないことが多く、かならずしも適任ではありません。窓口になっている家族の協力をえて、兄弟や親戚、友人から情報を得て、ケアプランやアセスメントに反映させることが有効です。

(3) 利用料について

> 利用料
> →172頁参照

グループホームには公的介護保険が適用されますが、介護以外の食費、住居費など、生活に要する費用（リビング・コスト）は自己負担が原則になります。

住居であるなら、どのようなところに住みたいかは個人の選択が最も重要ですが、立地条件や建物の建設コストによってその額が変わります。

しかし、グループホームは住居と介護サービスが一体的に提供されるところに特色があります。経済的に余裕のない人が、それが故にサービスを受けられないということはグループホームの理念に反することになります。建物自体が適切なグループホームケアにかかせぬ「環境」として重要な役割を果たしているからです。したがって、住居費について、事業者が過大な負担を負い込まねばならない事態はできるだけ避けるべきです。

そこで、平成10年度より、建設コストを一部公費で補助する施設整備費補助制度が設けられました。公費による施設整備の助成を受けたグループホームについては、住居費に関する利用者負担分は安くなります。

このような現状を踏まえ、公費補助を受けている、いないにかかわら

ず、グループホームについては、建設コストを公開し、利用者負担額の算定根拠を明確にする必要があります。

(4) 契約等について

グループホームは、少人数の利用者しかいないため、密室化しやすい。しかも、痴呆によって本人に判断能力が十分でない場合が少なくないのです。利用者保護については、他のサービスと比しても一層の配慮が求められます。

契約については、その契約過程だけでなく、契約が履行されているかどうか、いつでも外部からチェックできるよう、透明化を図る必要があります。

そのためには、受け入れの基準やサービス内容や経理・運営の状況などのサービスを選択するために必要な情報を公開することが不可欠です。さらに、利用者保護の観点から、代理人等の第三者の契約代行を円滑に可能にすること、契約内容の履行について外部から検証できるための仕組みなどが必要になります。

2　グループホームの生活とケア

記憶や見当識が次第に弱まっていき、不安や混乱に陥りやすい痴呆のお年寄りにとって、何よりも大切なのが安らぎと誇りです。同時に、一人では次第に失意と孤独の世界に閉ざされがちになる痴呆の人々にとって、自信と喜びをもたらしてくれるような暮らしのあり方が求められています。

痴呆のお年寄りに安心と誇り、自信と喜びをもたらすためには、その人がそれまで慣れ親しんだ暮らし方をできるかぎり継続できることが重要な要件となります。

グループホームの建物や人手があればいいのではありません。また、「これがベスト」という画一的なグループホームのあり方があるわけでもありません。お年寄りが馴染んだ暮らしをできる限り継続していけるように、土地の特性や風土を反映したその地域ならではのグループホームがつくられてしかるべきなのです。また、当然のことながら、痴呆の人もそれぞれが個別の生活のスタイルと歴史をもっています。同じ地域内であってもそれまでの暮らしになるべく近いグループホームを選択できるよう、グループホームの量的拡充はもちろん、多様性の幅もひろがっていくことが求められています。

そうした多様性を視野に入れつつ、ここではグループホームの生活と

ケアの基本的なあり方と、将来に向けた方向性を述べてみたいと思います。

(1) グループホームの日常生活とケアのあり方

① ゆったりと、自由な暮らし：一人ひとりのリズムやペースを支えるケア

　痴呆の人もその人なりの生活のリズムとペース、それに意思をもっています。痴呆の人は認知障害があるためそれらを自ら適切に表せないでいます。それらを考慮しない一律の日課や、一方的なケア（スタッフ側の都合や管理的な意図からの一方的な指示や誘導をともなったケア）」は、痴呆の人に大きなストレスや混乱を引き起こします。場合によっては、徘徊や叫声などの周辺症状を引き起こします。それはせっかくの本人の言葉や動きを封じこめてしまうことにもつながりかねません。

　グループホームは、共同生活としての大まかな日課はあるものの、お年寄り個々が自分の生理的リズムと暮しのペース、そして自分の意思を大事にしながら、ゆったりと自由に過ごせる家です。一人ひとりにあわせてスタッフがそっと見守り、さりげなく手助けします。

　たっぷりと眠って自分のリズムで目を覚ます、お腹が空いたらのんびりと自分のペースで食べる、もよおしたくなったらその時にトイレにいく、好きなことを自分のペースでやる、いつもの時間にゆったりとお風呂につかる、眠くなるまで好きなことをして過ごす、眠たくなったら自然に眠りにおちていく……。

　こうした日々の繰り返しが入居者に大きな安らぎと安定をもたらし、痴呆の悪化を食い止めます。潜在させている様々な力を発揮する前提としても非常に重要なのです。

　入居者の意にそわない一方的なケアや、画一的な集団処遇（一律のデイサービス通い、グループ活動参加への暗黙の強制など）は、本来、グループホームではなされるべきではありません。適切な個別対応を可能にするためのスタッフの質・量の拡充が求められているのです。

② 穏やかで、安らぎのある暮らし：ストレスを緩和し、不安や混乱を予防するケア

　一人ひとりの生活が自然でゆったりとしたものになると、グループホーム全体として非常に穏やかで落ち着いた雰囲気となります。そうした雰囲気は、些細なことで動揺しやすく、動揺が他にも連鎖しやすい痴呆の人にとってとても大事なことです。

　その他にも、ストレス源となる音や光の調整、居るだけで安らげるよ

うな心地よい住空間作り、「どこかに帰りたい」という不安に陥らずにすむような居場所作り、ストレス緩和のために刺激を適度に調整した環境作りも欠かせません。同じ意味で、スタッフがどんな時にも穏やかなトーンで、安心感をもたらすような存在であることも大切になります。

　そうした意味で、スタッフ自身がストレスをため込まずリラックスできていることが肝心であり、スタッフのストレス緩和のためのきちんとした対策が不可欠です。

　不安や孤独に陥りがちな痴呆の人にとって、仲間やスタッフの気配を感じながら暮らせることは大きな安心感をもたらします。

　反面、小規模空間での濃密な人間関係が、トラブルにつながりやすいデメリットがある点も十分考慮しておかなければなりません。グループホーム内の狭い空間の中だけで過ごす時間が長いほど、トラブルが起きやすく、そうした意味からもグループホーム内だけでの閉鎖的ケアは問題が大きくなります。行事などの特定の機会のみでなく、毎日の生活の中で、戸外で過ごすケアの働きかけを行うことが大切ですし、そのための機会や場を地域の中で確保し広げていく取り組みが大きな意味をもちます。

③ 自分でやれる、喜びと達成感のある暮らし：秘めている力を活かし、暮らしの自立をめざすケア

　小人数を小人数で支えるグループホームのケアでは、入居者と生活をともにしながら細かな観察が可能であり、どんな痴呆の人であっても、様々な心身の力を秘めていることを発見しやすく、食べること、トイレに行くこと、着替えること、物事を理解することなど、日常の場面をゆっくりと一緒に過ごすことを通じて、色々な力がまだ多くあることを発見できることでしょう。そのことを本人とともに喜びあったり、励ましあったりしながら、スタッフが力を引き出すための働きかけを一貫して続けることで、自立が可能になる場合も少なくありません。スタッフの手を借りずとも自立できることは本人の大きな喜びと自信につながります。たとえば、適確なトイレ誘導で、オムツのお世話にならなくても自分で用を足してさっぱりできることなどが考えられます。

　外見的には「自立している状態」にみえても、見守り、シグナルを察知し、タイミングを見はからって誘導したり、自分で動けるための環境やものの工夫をする、など膨大な量の見えないケアを行っている点がグループホームのケアの特徴です。今後、痴呆の人の自立を支えるためのこうした間接的なケアのあり方やそのための作業量を、グループホームの場で明確にしていくこともグループホームの重要な機能のひとつと考えられます。

④ 自分の思いや意思が大切にされる暮し：深いコミュニケーションと自己決定を生みだすケア

　痴呆であっても、一人ひとりはこころの中にたくさんの思いと意思を抱きながら暮しています。それをうまくまとめたり表現したりできず、人に伝えられない苦しさを痴呆の人は体験しているのです。また、相手からの話しかけや誘導によるメッセージをうまくキャッチできずに、結果として自分が本来表したい思いや意思を伝えられないこともしばしば起こってきます。

　グループホームではゆっくりと一緒に過ごせる特徴をいかし、言葉や表情、身振り、タッチなど本人に残された関わりの能力を探りながら、一人ひとりとのコミュニケーションを深めていきます。思いや意思を最大限にひきだすことは、本人の存在や関係性を大切にするという意味と同時に、痴呆の人にとって損なわれやすい自己決定を、日常の中で守っていくための大切な基盤ともなります。

　基本的なコミュニケーションの技術に加えて、記憶のしくみや痴呆の人のコミュニケーションの特徴など、痴呆に関する専門的な知識や技術をスタッフが持っていることが、痴呆が進んでもコミュニケーションを維持したり、自己決定を支えていくために非常に重要です。

⑤ 自分らしさや誇りを保った暮らし：個性を見い出し、自信と自立を高めるケア

　自分自身がわからなくなっていく痴呆の人の苦しみは大きく、自分自身をうまく表現したり整えたりすることも難しくなっていきます。バックグラウンド（生活歴や生活特性）のアセスメントをていねいに行ないながら、一人ひとりがかつてどのような生活をしていたのか、個別性を見い出し、日常の中でそれを取り戻すことを支えていきます。

　特に、服装やヘアスタイルが尊重されることは重要です。例えば朝起きた時、スタッフが、お年寄りに今日は何を着たいのか尋ねてくれること。その日の服装にあったスカーフを一緒に選び出してくれること。家族が会いにくる日は、ジャケットで少しカッコ良く決めたい男性もいるでしょう。お化粧をしたい人、和服を着たい人など。そうした関わりの積み重ねが、本人の自信と自立を高めていくことに大きく貢献していきます。

⑥ 生活のはりあいや楽しみがふんだんにある暮らし：家庭の暮らしの豊かさをいかした生活リハビリ

　グループホームでは、ふつうの家庭生活としての家事（料理、後片付け、掃除、洗濯、針仕事、園芸……など）や楽しみごと、仏事神事など、

入居者が自然に体を動かし、頭を使う場面がふんだんにあります。出番を通じてはりあいを持ち、楽しみながら、自然とリハビリ効果を引き出すことができます。

　一律の家事や楽しみごとではなく、本人の個別性を十分にアセスメントしながら、その人本来の生活のはりあいや楽しみ、その人らしい言動が再現できるような働きかけが求められます。

⑦ どんな時でも尊厳を保たれた暮らし：自尊心を守り支えるケア

　他の人に知られることなく、そっとスタッフの助けを受けられたり、失敗がめだたないようにカバーしてもらったり。小回りのきくグループホームでは、たとえ痴呆が重度化しても状況を察知しながら自尊心を大切にしたケアを行うことが可能です。

⑧ 仲間と一緒の楽しい暮らし：仲間の力をいかしたケア

　グループホームには仲間と一緒に生活を楽しめる長所もあります。ひとりでは億劫になってしまうことでも、仲間がいれば楽しめます。ひとりでは部分しかできなくても、皆でやれば、何かを作り上げ達成する喜びを分かち合えます。普段では持続しない集中力も仲間がいれば持ちこたえられます。仲間で楽しめる作業や行事を工夫して、お年寄りが豊かな時間を過ごせるようにすることが重要になります。

　グループホームの入居者とそれを支えるケア・スタッフの間には、小さい集団だからこそ生まれる親密な人間関係、助け合う関係や、それほど緊密ではないために却って気楽な関係など、さまざまな関係が形成されます。ケア・スタッフは、入居者やスタッフの間の相性、生活の場面によって変わる人間関係のあり方などを把握し、入居者どうしの人間関係が互いの力を生かし合いながら豊かになるよう支援します。また相性の悪い入居者どうしの衝突やトラブルが、入居者にとってダメージや痴呆の増幅にならないよう留意することも重要です。

⑨ 外に開かれた生活：地域や自然を生かしながらのケア

　活動レベルが下がり引きこもりがちになる痴呆のお年寄りにとっては、生活が外に向かって開かれていることが大切です。ホームが人里離れたところに作られるのではなく、町の中にあれば、家族や友人が気軽に訪ねて来られます。そしてホームには鍵はかけない。体調がよければ可能な限り毎日散歩ができて、地域の人と会話が交せる。時にはちょっとした買物もできて、自分のお金を使うこともできる。そしてお祭りや地域の活動にも、折にふれて参加できる。こうした風通しのよさが、時として単調になりがちなホームの人間関係に適度な刺激を与えてくれ、

また、入居者どうしが緊張した関係にならないための風穴になるのです。

桜を見たり、花火を楽しんだり、紅葉を拾ったり、霜柱を踏んでみたり。外に出て季節の移り変わりを実感できることは、見当識障害のある痴呆のお年寄りにとって、それを補い増強させ、生活にメリハリをつけるうえでも、大切になります。

また、お墓参りや正月の帰宅などの外出が気軽にできれば、グループホームの外の人間関係も保たれます。

⑩ 家族とともに楽しめる

家族と一緒に暮らせなくなっても、お年寄りの子どもたち、兄弟姉妹、親戚が頻繁に訪ねてきます。「うちの嫁です」「うちの息子です」そんな会話が自然にできる。家族がふらりと立ち寄っても、お年寄りどうしの輪の中に気軽に入っていけるし、時にはよそのお年寄りとも話し込んだり、ご近所どうしのようにつき合える場にもなります。

痴呆性高齢者の家族は、入居者がグループホームに辿り着くまでの過程で、すでに心身に多くのダメージを受けている場合がほとんどです。入居するためにホームと関わりを持った時点から入居後を通じて一貫して家庭を支援し、家族と入居者の関係および家族とホームの関係が円満で豊かに維持されるよう努めたいものです。

また、家族の多くは、本人に適した介護を工夫してきています。さらに、これまでの本人の生活スタイルや生活歴についての情報も持っている重要な存在なのです。情報提供の段階から実際にホームでケアに関わってもらう段階まで、様々な段階がありえますが、家族が入居者のケアに積極的に関わっていけるような支援が必要です。逆に家族の過剰な関与が原因となって、入居者が混乱しているような場合には、適切な形で介入し、入居者が混乱しないような交通整理をすることも求められるでしょう。

⑪ 健康に対して不安にならなくて良い生活

年をとれば、やはり心配なのが健康のことです。そんな心配を取り除いてくれるスタッフがいて、日常の疑問に答えてくれる。往診や通院も簡単にできて、必要とあれば、専門的な病院に検査にいくこともできる。また、たとえ夜間であっても、いざという時の対応がしっかりしていて、お年寄りが不安にならなくてよい場でなければなりません。

痴呆性高齢者は、痛み・苦しさ・渇きなどを自ら表現できないことが多いのです。こうした潜在する心身の状態を把握し、また、せん妄など痴呆性高齢者に特有の症状を理解することが重要です。そうした事態を予防し緩和するためには、医学や心理学の知識も必要です。また薬につ

いての最小限の知識や、病気としての痴呆症についての理解も必要です。適切な研修を受け、専門家と連携を図ることが重要となります。

(2) グループホームのケアのポイント

① グループホームケアの特徴について明確な意識化

ゆったりとした、あたりまえの生活を大切にするグループホームには、一見すると専門的なケアは不要とみなされてしまうこともあります。しかし、複数で暮らす痴呆の人が、穏やかに、一人ひとりの力や個性を発揮しながらできるだけ長く暮らし続けられるためには、痴呆の特徴を踏まえた専門的なケアが不可欠です。

重要なのは、グループホームで痴呆の人に求められるケアの専門性とは何か、以下のような特徴についての共通認識を、一人ひとりのスタッフや関係者全員がしっかりともつことです。

(a) グループホームは家であること：家の暮らしの豊かさを支えるケアを

グループホームは、従来の施設では決してありません。痴呆の人にとって「自宅に代わる家（在宅）」です。

環境のしつらえ方、時間の過ごし方、入居者と物や人との関係、地域との関係のあり方、その他、どうケアしていいか迷ったら、本人が家ではどうしていたか、スタッフが自分自身の家だったらどうするか、「グループホームは家」という原点に立ち戻って考えることがポイントになります。

(b) 主人公は、入居者本人らであること：黒子のケアを

グループホームでの主人公は、入居者一人ひとりです。痴呆のために自分らしい時間の使い方や行動ができず混乱しやすい入居者が、誇りを保ち、自分らしい言動を表しながら暮らせるよう、スタッフは目立たぬ形で支えていくこと（黒子のケア）こそが、グループホームケアの専門性です。

(c) スタッフは一方的なケア提供者ではなく、入居者のパートナーであること：一緒のケアを

スタッフは、いかにケアの経歴や訓練をつんでいても、ケアを提供する一方の関わりであっては、痴呆の人のための専門的なケアとは言えません。痴呆の人の言動の意味を読み解きながら本人が求めていることを知り、本人が健やかに主体的に振る舞えるよう支援することがケアの専門性です。

そのためには、ケアをする以前に「痴呆の人と一緒に時間を過ごす」ことが不可欠です。じっくりと待ち、一緒に動きをともにすることで、痴呆の人にとってスタッフが管理する（場合によっては脅威の）人では

なく、「いつもそばにいて必要なとき支えてくれる」頼みの綱として受け入れてもらえます。時間を一緒に過ごすことで、痴呆の人でも秘めている心身の力やニーズが把握できるようになります。

心身の力やニーズが把握できても、それを実際引き出すためには、個々その時々のタイミングをはかって関わり、反応を見ながらの試行錯誤が求められます。その点からもスタッフ側からの一方的な関わりではなく、時間をともにしながら適時の関わりが求められます。

入居者のパートナーとしてのあり方を徹底することを通じて、スタッフは、痴呆であっても単にケアを受けるだけの存在ではなく、その人なりの暮らしの流儀をもつ生活の主体者であることを実感できることでしょう。またケアが面倒で大変なことではなく、喜怒哀楽を本人とともにしながらその人らしい暮らしに挑戦していく創造的な営みであることも体験できることでしょう。

なお、一緒のケアとは、物理的に「ぴったり一緒」ということではありません（それではかえって本人のストレスになります）。あくまでも、痴呆の人が安心して自由になれる距離を保ちながら、しかし目は離さずにそっていく、というケアのことです。

(d) 痴呆の人が何を求めているかに収れんを：理念にもとづき組織一体のケアを

小規模であっても入居者には多様な人々が関わります。ケアを直接的に担う職員はもちろん、運営者や母体組織、支援組織の人々、家族、地域の人々……。一部の職員がグループホームの特徴を生かしたケアをしていても、他がそれを無視したやり方をしてしまうと、入居者はとたんに萎縮したり混乱したりします。

また、資源（運営費、人手他）が限られた中では、運営側や提供側の都合が優先されて、グループホーム本来のケアがなし崩しにされていく危険も決して少なくありません。

建物のみではなく「組織としての小規模」という特性を生かして、グループホームの理念や存在意義、ケアのあり方を常に確認しあい、組織一体となってのケアを提供していくことがとても重要です。

② グループホームの特徴を活かし個別性を深く追求しながらの総合的アセスメントの実施

グループホームでは、少人数の入居者に少人数のスタッフがしっかり向き合えるという特徴を生かして、スタッフ間で細かな情報交換をしながら綿密なアセスメントをすることが可能です。

生活をともにしながらであるので、入居者に「調べられている、試されている」という感じ（不安、恐怖、距離感）をいだかせることなく、

さりげなく、しかも「見たり、聞いたり、においをかいだり、さわったり、味をみたり」とスタッフの五感を総動員したアセスメントが可能です。

そうした利点を生かしつつ、痴呆の人のからだとこころ、生活のあり方と経過について、総合的なアセスメントが求められます。グループホームのアセスメントで特に重要なのが以下の点です。

(a) 独自の状態パターンやサインの把握

目覚めと睡眠（昼寝も含めて）、動くことと休息すること、食べることと排泄、入浴することなどのパターンは、一人ひとり違います。24時間のシートを用いて観察と記録を続けることで、個々のパターンを把握していきましょう。自分ではうまく行動や意思表示できない人が、どのようなタイミングで言動を始めているか、その時のサイン（表情やしぐさ、声など）は何か、などを明らかにしていきます。それらがわかると、体調や心理になんらかの異変があったときの早期のキャッチも可能になります。

(b) 潜在力の発見：もうできなくなったことの見極め

痴呆の人は、知的な機能が低下していてもたくさんの身体機能が残っています。また知的な機能も一律に損なわれるのではなく、非常にちぐはぐに低下しています。生活の中でていねいに観察することを通して、痴呆の中核症状や周辺症状、日常生活機能の障害の程度、その一方で潜在している力の両面を見極めていきます。力の過小評価も問題ですが、本人の失敗を未然に防ぐためには、食事、排泄、着替え、入浴、移動、会話その他日常生活の中で、本人がすでにできなくなってきていることがないか、的確に見極めていくことも大切なことです。

痴呆の人は環境の影響を大きく受けるため、どの場での、どういう人のどういうアプローチの場合に、本人ができた（できなかった）のか、環境と一体的なアセスメントも不可欠です。

(c) 痴呆の状態と、からだやこころとの相互関連の見極め

痴呆の中核症状や周辺症状、行動障害は、体調（特に便通、睡眠、栄養状態、痛み等）やこころ（不安、緊張、悩みごと等）のあり様によって大きく左右されます。痴呆の問題にのみとらわれず、本人の状態を悪化させている体調やこころの問題がないか、常に注意深い見極めが不可欠です。

(d) 生活歴に根ざした固有の状態像や個別のニーズの見極め：バックグランドアセスメント

痴呆の人の不可解な言動は、目の前の状態のアセスメントのみでは説明がつかなかったり解決策が見出せないことが多くあります。

また、会話が十分には成立しない場合が多く、潜在している力や意思

を見い出すためには、特別な技が必要です。

それらを解く鍵がバックグランドアセスメントです。単なる経歴としての生活歴ではなく、個人史の中での生活特性（得意だったこと、生活習慣、エピソード、好き嫌いなど）を浮き彫りにしていくアセスメントです。

本人の言動の観察や、親族（同居していた家族のみではなく子どものころを知っている人）や友人からの聞き取り、アルバムや本人の大事な品物を通しての聞き取り、生活財や時代物・五感刺激への本人の反応などのアセスメントを通して、一見不可解にみえる本人の言動の意味や、力、意思を見い出していくことができます。

③ 家庭的な環境と人間関係をいかしたケアプランの展開

総合的なアセスメントをもとに、以下の側面についてのケアプランをたてていきます。

- ・一人ひとりが尊厳を保てるためのケア
- ・全体的な生活の質（安心、からだの安楽・健やかさ、その人らしい暮らし）を確保し、向上させていくためのケア
- ・痴呆に伴う障害の改善、進行の緩和をはかるためのケア
- ・家族の心身の疲れやダメージをやわらげ、関係や力の回復をはかるケア

本人に馴染みのない新規なプログラムを導入するのではなく、あたりまえの暮らしの中で本人が元気だったころの表情や言動を再び取り戻せるように、家庭的な空間や品物、時間の過ごし方、人間関係を具体的にいかしたケアプランをたてていきましょう。

申し送りや定期的なミーティングの機会に、スタッフがケアをしてみた結果とアイディアを寄せ合いながらケアプランを微調整し、より個別な関わり方を深めていけるのも、グループホームならではのケアと言えます。

④ グループホームの条件を生かした痴呆性高齢者のための新しいケア技法への挑戦

現段階では、痴呆の人にふさわしい要介護度の認定のあり方や、アセスメントとケアプランのための標準的な方式は確立されていません。

グループホームでのケアは、入居者自体への直接的なケアサービスであるとともに、その条件（痴呆に適した環境条件の整備ができる、安定した人間関係を保てる、一貫した関わりができる、生活をともにしながら今と過去にわたってのていねいなアセスメントとケアプランの展開ができるなど）を生かして、痴呆の高齢者のための新しいケア技法の開発

をしていくことの意義も大きいのです。

　グループホームのみではなく、在宅や大型施設でのケアを刷新する意味からも大きな期待が寄せられており、グループホームという貴重な場での一例一例のケアの実践をていねいに検証し技法の開発に反映していくことが、個別のグループホームでも、また組織的にも求められています。

(3) グループホームにおけるケアサービスの留意点

① 人権を守る視点と技術の必要性

　グループホームの小規模で小人数の関係は、利点でもある反面、人間関係やケアの固定化、慣れによるスタッフの思い込みや操作性、緊密な関係ゆえのストレス、不適切なケアがあっても外からわかりにくいなどの危険性もあわせもっています。

　自ら意思表示をしたり、他者に相談や援助要請をすることが困難な痴呆の入居者の特性を踏まえて、ケアの中で人権を守ることの重要性を、スタッフや関係者がしっかりと認識しなければなりません。

　加えて、認識はしていても、日常的なケア（言葉や関わり方）や運営（外出のあり方、鍵の扱い、外部との交流、金銭管理など）の中では、気付かぬうちに入居者の人権を侵してしまう危険が多々あり、ケアや運営の具体的なあり方や技術を具体的に見直し、吟味していく努力が求められます（具体的には、痴呆性高齢者本人や家族の意思や希望を十分に引き出しケアサービスに生かすためのコミュニケーションの技術やそのための機会・文書のあり方、本人の自由や心身の力の発揮を暗黙に抑え込むことがないような日常の個々のケアの技術、鍵をかけない生活を保障するための基本的なケアの見直しと地域との連携作りなど）。

② 痴呆性高齢者の暮らしとケアの連続性を守るためのとりくみ：退居後のリロケーションダメージを最小に

　入居者に何らかの入院治療が必要になった場合や、そのグループホームでのケアが困難になった場合は、グループホームで抱え込むのではなく、適切なケアサービスが得られる場へ本人を移さなければなりません。

　環境（場、ひと）の変化に伴うダメージを最小にするためには、当人の暮らしと基本的なケアのあり方を可能な限り継続させることが大切です。グループホームでそれまで蓄積してきた本人の個別性に関するアセスメント結果や有効だった具体的なケアプランを次のケアの場に引き継ぎ、そこのスタッフの理解と協力を得るための働きかけをしていくことが求められます。

なお、痴呆の人に適した医療のあり方やグループホームにかわるケアの場の選択に関しては、倫理的な問題も含めて選択が困難な場合が多くあります。選択の難しさや選択肢のなさの中でスタッフや運営者、家族が反目し合うことも少なくないのですが、痴呆性高齢者当人の最善の利益のためにどの選択がよりよいのか、関係者が徹底的に話し合うことが不可欠になります。グループホームに理解のある地域の福祉保健医療の関係者にも話し合いに加わってもらう体制作りも求められるでしょう。

③ 経済性も含めたケアサービスの運営に関するスタッフの参画
　グループホームの具体的な運営のあり方について最も現実的な視点とアイディアをもっているのは、直接ケアにあたるスタッフである場合が多いものです。例えば、以下のような点についてです。
・どの時間帯にいちばん人手を要し、どのような人員配置が適切か。
・新規採用の職員にはどのような人が適切か。
・新しい入居者を選ぶ際、入居者とスタッフの構成から考えてどのような人が最も適切か。
・入居者の生活の質を高めるためには、居住空間や物（備品、物品など）の点でどのような改善が必要か。
・食材の調達や食事の準備のあり方は、入居者の力や楽しみを引き出しつつ、人手や経費の点で合理性を高めるためには、どのようなやり方が適切か。

　その他、グループホームでのサービスの内容やそのための条件（人手、環境、予算）に関する運営上の決定には、スタッフの意見を十分に反映させるべきです。
　スタッフに経営感覚を持ってもらい、良質なケアを提供しながら無駄なコストを削減していくための努力をしてもらうことも大切です。
　いずれにしてもケアを担う人が大切にされ、育つような運営のあり方が求められています。小規模な組織の特性を生かして、管理者とスタッフが十分に交流し、ケアサービスと経営状況の実態についての共通認識を持ちながら、グループホームのケアサービスの質を向上させていくことが求められます。

3 ケア体制

(1) ケアサービスについて
　グループホームの特徴と形態・性格は、施設ケアではなく、あくまで居宅生活の概念の中にあります。それは治療中心の管理的ケアを推進す

るというより、普通の生活を過ごせるための基盤的な条件を揃えるという「ノーマライゼーションの思想」を中心に据えることが、高齢者ケア、特に痴呆性高齢者のケアに重要であるからです。つまり、グループホームの役割は、このようなノーマライゼーションの思想に則った生活やケアを実現させるための専門的なケアサービスを準備し、提供することなのです。

　グループホームにおいては、「痴呆であっても普通の生活を」より長く過ごせるように、利用者の状態の変化に対応できるよう、ケアサービスの質の向上やそのための体制の強化に努めていくことが大前提です。と同時に、それぞれのグループホームの諸条件の中で、生活が可能な利用者の状態像やタイプはどのようなものか、生活（入居継続）の限界はどのような状態や場合かを常に確認しながら、そのグループホームのケアサービスの範囲を利用者に明示することが求められます。グループホームの居住環境や職員の質・量の点で入居継続が困難になった場合、決して抱え込むのではなく、そのケースがより適切なケアを受けられる場、理想的にはグループホームケアを実践できる発展した形態の専門施設において良質なケアを求めるべきであり、そうした施設の拡充にむけた働きかけをグループホーム自体が行っていくことも課題になります。

(2) 管理者と責任体制について

　生活に関する対人援助サービスを提供するグループホームにおいては、責任あるケアサービスを提供することが必須の要件です。

　それを進めていくためには、ケアと運営の責任者及び責任体制を明確にしておかなければなりません。

　そこに働く人がいれば、働く条件、待遇が設定されなければならないし、それは労働基準法を厳守するものでなければなりません。一般的には、施設においては職制が明確でありますし労働条件も整備されています。

　一方、グループホームの場合は、スタッフの役割も仲間としての立場の色彩が強いため、様々な判断の責任が不明確となりがちであり、働く条件も、多くの場合、劣悪になる危険性もあります。

　ただし、グループホームが施設ではなく、地域における生活の場とするならば、その責任体制は施設的な管理の発想ではなく、ごく自然な家庭でのホームマネージメント的なものと同様のものでなければならないでしょう。

　そこでの管理者は、直接のケアスタッフであると同時に経理、人事、サービス管理、スタッフのスーパーバイズ機能（監督、管理、指導）等、高齢者ケアの倫理と実践についての専門家としての知識と見識が求めら

れます。グループホームは疑似家庭的な場であっても、そこで展開されるサービス総体はきわめて専門的、直接的なケアサービスなのです。

　グループホームは、小規模のホームであるため家庭的な温かい雰囲気の生活づくりが可能になりますが、一方で小規模であるがゆえにそのケアが閉ざされたものになる危険性もあることが指摘されています。そしてその中でグループホームの経営、運営、ケアサービス等に責任を持つ管理者の適性が大きくそのホームのあり様を決定してしまう危険性もあります。それがチェックを受けない独善的なものであると社会的な批判を浴びるような結果を招く恐れもあるため、内実のサービスの質を担保する対策が不可欠です。

(3) スタッフと業務の体制について

① スタッフの配置、勤務体制

業務の外部化
→31頁参照

　どの程度スタッフを配置するかは、後述する業務の外部化をどの程度進めるかによって違いが出ます。

　入居者の要介護度とも関係しますが、もうひとつのポイントは夜間の体制です。それがスタッフの勤務体制と別に組み立てられる、「宿直」で済む程度の要介護度であればスタッフの人員は比較的少なくてすむでしょう。しかし、グループホームが本来はたすべき機能にみあった概ね中等度以上の痴呆性高齢者が入居しているならば、夜間もスタッフがケアサービスを行う勤務体制を確保しなければなりません。8人前後の入居者に対し24時間365日、日中最低2～3人、夜間1人のケアサービス体制を組むためには、労働基準法の労働条件（週40時間）に準拠した場合、入居者1人あたりスタッフ1人近くの人員が必要になるでしょう。

　このような人員配置は、従来の大型施設に比べ多額の人件費を要することになります。

　入居者に対する直接的・専門的サービスの比重が大きいグループホームは、本来の機能を果たすために人件費割合が高くなるのは必然です。長期的に見て費用対効果が高いことを明らかにし、国や自治体、家族や市民全体に対して必要な人件費の確保に向けた働きかけを積極的に行う必要があります。

　また、勤務体制の組み方としては、常勤スタッフ数名をコアに、非常勤スタッフやパート勤務者を組み合わせる工夫、昼間担当と夜間担当を分けた体制とする工夫、あるいは上記のような、業務の外部化を図る工夫なども必要となる場合があります。

　なお、常勤スタッフを削減し、短時間勤務や嘱託の勤務の人手でローテーションを回す方策がとられる場合も少なくありませんが、関わる勤

務者が入居者と馴染みの関係を作る導入期間を経てから本格的に人員のローテーションに加わること、入居者と勤務者との間の馴染みの関係が保てないような多数者でのローテーションによる勤務体制を組まないことなどは、グループホームとしての体制作りにおいて重要な事項です。

さらに、グループホームの開設直後や、新しい入居者が転入直後は、グループホーム全体の生活やケアサービスが大きく揺れ動く時期であり、1〜2週間程度の短期間、人員配置を厚くして集中的なケアサービスを行うことが、その後の入居者全体の安定に大きく貢献します。痴呆性高齢者のグループホームとして特徴的な人員配置として、今後、予算措置や介護報酬の面でも考慮されることを期待したいものです。

② スタッフ構成

人員基準
→188頁参照

痴呆性高齢者のグループホームは、馴染みのスタッフと共に日常生活を送る「家」です。家に、家族のような存在(たとえば高齢者を支え頼りになる父さん・母さん役、明るく可愛い子どもや孫役、同じ時代を知っている兄弟姉妹役など)がいてくれると、入居者の安心感が高まり、入居者の言動や生活に広がりや豊かさが生まれるようになります。そうした意味から、スタッフは若い人から年配の人までバランスのとれた年齢層が望ましいと思います。このような構成は、スタッフにとっても互いの年代による感性や生活スタイルの違いを認め合い学び合っていくことにつながり、入居者の生活の多様性や深さを支え満たしていくための大事な素地となります。

スタッフとしての要件
→32頁参照

また、ケアスタッフは女性に片寄りがちですが、男性スタッフの存在も欠かせません。男性入居者の相手役としてはもちろん、生活場面で男女のスタッフが互いの特性と存在を認め合いながら協力し合う様子は、入居者の心のケアに良い影響をもたらすことが多いのです。例えば、男性スタッフに夫や父親・息子を重ねたり、女性スタッフに妻や母親、娘を重ねる場合があり、入居者が求める舞台を一緒に演じられる男女のスタッフ構成であることが望ましいと思います。

グループホームは小人数の集合体ですが、入居者それぞれが歩んできた人生や価値観、生活スタイルは個々様々です。それらの多様性や幅の広い暮らし全般をグループホームで支えるためには、ひとつの職種では視野が狭く、画一的、部分的なケアサービスに陥りがちです。生活に対する入居者の多様な思いや要求、潜在力を引き出すことも不十分です。職種を、看護職や介護職、福祉の関連職種に限定せず、心理、保育、栄養・調理関係、会社員、農家、主婦、その他広い分野から人材を求め、人生の経験を積んだ多様な人がスタッフにいることが望ましいのです。

スタッフ全員の経験や特技を生かすことで、総体として入居者に様々な日常生活やケアサービスの選択肢を提供できることになります。ただし、後述するようなケアスタッフとしての資質や教育訓練が必要であることはいうまでもありません。

なお、職種として看護職がいると、日常の身体的ケアや健康管理、緊急時の医療対応の質が高まり、入居者が安らかに入居継続できることの保障につながるので、できればスタッフとして確保につとめたいものです。

いずれにしても、スタッフが入居者とともに一体感のある温かい家庭的な雰囲気を醸しだしていくことができるような、信頼と安らぎのある人間関係が結べるスタッフの顔触れ（全体構成）をそろえていくことが大切です。

③ スタッフの業務分担のあり方

グループホームでは、職域に限定された部分的な関わりではなく、スタッフがそれぞれの専門性や経験を生かしつつ日常のケアサービス全般にあたることが望ましいのです。すなわち、福祉職、看護職、調理職などがそれぞれ責任を受け持つ業務分担を行いながらも、部分的な仕事をするのではなく、入居者の一日の生活全般を支えるためにともに業務を遂行するのです。

多様な職種のスタッフが入居者の生活全般に関わることを通じて、痴呆性高齢者に対する全人的なケアの提供が可能となります。また、入居者個々に対してそれぞれの専門的な観点からのアセスメントとケアプランの展開が、グループホームの生活やケアの著しい充実につながります。

ケアサービスには、直接的なケアはもちろん食事作り、掃除、洗濯、衣類の手入れ、外出援助、家屋や家屋周囲の手入れ、戸締りなど多くの家政（ホームマネージメント）的な業務も含まれます。直接的にはケアに関係ないようにみられるこれらの家政的な日常場面の一つひとつこそが、実は痴呆性高齢者が生き生きとした言動や個性を発揮し得る大切な機会です。単なる周辺業務として位置付けず、痴呆性高齢者のケアならではの専門性発揮の場面として、スタッフがしっかりと業務を担い高齢者に積極的な働きかけを行っていくことが求められます。

④ 業務の外部化、ネットワーク化のあり方

グループホームのケアは小さい単位であり、スタッフすべてをグループホーム独自で揃えるには限界がある場合が少なくありません。

その際、母体組織がある場合は、グループホーム独自のスタッフを核にしながら、母体組織のスタッフをグループホーム勤務のローテーショ

ンに組み入れたり、手が足りないときの応援要員として随時依頼するやり方がとれます。こうした方法は、運営費の節減につながること、母体組織と連携が深まり活動の幅が広がることなどのメリットがあります。反面、従来の大型施設のケアの手法や体制が直接的、間接的に持ち込まれることになり、グループホームとしての家庭的な環境と一体的なケアが損なわれるデメリットがある点に留意が必要です。

　また、母体組織のスタッフが応援として関わっている実際の時間（グループホームの維持のために要する正確な労働量）があいまいになりやすい問題もあります。グループホーム本来のケアサービスの質と健全な運営の維持のためには、母体組織から漫然と人員の応援を受けるのではなく、グループホームとして小規模で一体的なケアの単位であることを常に明確に意識し、人員の応援は母体施設からであっても業務の外部化のひとつとして位置付けていくことが大切でしょう。

　母体組織を持たない場合も、前述の点に留意しつつ、周辺の医療機関や福祉施設などの外部の組織や人に業務委託（外部化、アウトソーシング）することも検討すべきです。

　直接的ケア以外の家政に関する業務（食事作り、掃除、洗濯、衣類の手入れ、外出援助、家屋や家屋周囲の手入れなど）を、母体組織や外部の組織や人に業務委託する方法もあります。

　また、地域の中で活動している福祉や医療のボランティアをはじめ、様々なサークル活動（たとえば手芸、園芸、日曜大工、ドライブ等々）に加わっている人々に、痴呆やグループホームについての理解を深めてもらい、市民参加の支援のネットワークをつくりあげていくことも大切でしょう。そのことを通して、グループホームと地域との交流が推進され、開かれたグループホームを実現していくための一助ともなります。

　ケア体制をグループホームの組織内部のみで完結していこうとする時、小規模というグループホームの特性が弊害として現われ、本来目指すはずの生活の広がりとは全く逆の姿に変質していく危険もあり、それを回避し生活の広がりと豊かさを確保する意味からも地域資源とのネットワーク作りは非常に重要です。

　業務の外部化や支援ネットワーク作りを整備することで、母体施設をもたないグループホームが十分に機能している例もあり、今後グループホームが地域の中で数多く普及していくためのひとつのあり方として大いに期待されます。

　なお、業務の外部化やネットワーク化は、一方ではスタッフ以外の多数の人員が入居者に関わることにつながり、入居者の混乱の引き金になったり、ケアの一貫性が損なわれる危険性があることを常に考慮しなければなりません。業務の外部化にあたっては、関係者にグループホー

ムの理念と特徴、関わり方を十分に説明し、理解と同意を得て実際の業務を委託する段階を踏む必要があります。入居者の状態やケアに関する定期的な情報交換の機会を必ず設け、協同でケアにあたっていく体制をつくり出していくことが非常に重要です。

(4) スタッフの要件と育て支えるための体制作り

① 求められるスタッフ像

痴呆性高齢者はストレスに弱く、物理的環境と同様、スタッフ自体が人的環境として入居者の安定に大きな影響を及ぼすため、「良き人的環境」としてのスタッフの態度や姿勢、言動のあり方が重要な要件です。また、表面的な痴呆性高齢者の状態像で判断したりスタッフ側の論理で価値判断せず、人間に対する深い愛情と信頼を基礎に、入居者が求めるよりよい状態にむけてケアを追及し続ける姿勢も不可欠です。侵されやすい痴呆の人の人権に関して、敏感に感じとり、考え、守るための行動を起こす態度も不可欠なものと言えます。

スタッフの態度でポイントになる点は、表2-1の通りです。本人の元

表2-1 グループホームに求められるスタッフの態度

グループホームに向く人	グループホームに向かない人
・ゆったりとしたペースの静かな生活を心地よいと感じられる	・ゆったりとしたペースが居心地悪く静かな生活が物足りない
・おっとりしていて、動きが緩やか	・気が短く、動きがせかせか、感情をすぐ表にだす
・中等音の穏やかな声でゆっくり話す	・キンキン声で早口で話す
・謙虚であり人の話しや動きを穏やかに待てる	・言葉や動きを先取りしてしまう、世話をやきすぎ
・じっくりと相手のペースにそえる	・相手の意に添わず自分の考えやペースでてきぱき動く
・痴呆でも一人の年長者として尊敬できる	・痴呆や高齢者に偏見や画一的な見方を持つ
・一人ひとり人間性を大切にする	・一人ひとりの人間性に関心をもたない
・明るく前向き、良い点を見つけるのがうまい	・否定的、欠点や悪い方を強調する
・辛抱強く、やさしいまなざしと観察力をもつ	・冷たいまなざし、本人をみない
・常識や従来のケアのあり方に固執しない	・常識や従来的なケアのあり方に固執
・探究心があり、プロ意識をもって痴呆性高齢者のケアの向上に挑戦する	・痴呆性高齢者のケアの向上させることに関心がなく機械的に仕事をこなす
・痴呆性高齢者の人権の守り手としての意識が高い	・痴呆性高齢者の人権に関して無頓着

来の資質が反映している側面もあるので、スタッフの採用時やボランティアなどに関わってもらう場合に向き不向きを本人と十分に話し合うことが大切です。また、こうした点の大切さを理解し、グループホームケアの研鑽を積むことの必要性をしっかりと了解してもらうことも大切です。

② 求められる知識・技術
(a) グループホームの理念とあり方に関する基礎的知識と意識改革

グループホームは、普通の家庭のような環境で、スタッフも目立たずに普通の生活相手のように振る舞っているため、一見、なんの専門性も持たず誰でも務まりそうな形態に受けとめられやすいものです。実際にはそうではなく、痴呆の人が穏やかに生活の質を維持しながら暮らせるためには、明確な理念・目標に基づく一貫したグループホームの知識と技術が不可欠です。

なんのために、なぜグループホームが必要か（理念と目標）、その特徴と根拠は何か、グループホームの基礎的知識と継続的な意識改革が欠かせません。

特に従来の福祉や医療の施設で働いた経験を持つスタッフの場合、一生懸命働いてきた人ほど「専門家が世話や指導をする姿勢」「施設の決まりにきちんと適応させようとする管理的言動」「手際良くこなそうとする傾向」といった、グループホームがめざすケアとは全く逆のケアのあり方がしみついている人が少なくありません。

その一方で最近では、従来の大型施設でのケアの経験を全く経ずにグループホームのスタッフになる人も増えてきています。こうした人たちは、グループホームケアの考え方や技術を偏見なしに身につけることができる反面、環境やケア体制の好条件を十分認識できずそれらを生かせないでいる人もみうけられます。

いずれにしてもグループホームが登場した歴史や、痴呆性高齢者と家族が何を切実に求めているか、グループホームの意義を踏まえ、ケアサービスのあり方に関する全体的な知識・技術が必要です。

(b) 生活の豊かさを高めるための知識・技術

グループホームは一般の家庭と同様、入居者がスタッフに見守られながらあたりまえの生活をおくり、痴呆であっても豊かな人生を求めて過ごす家です。スタッフは、介護の提供といった視点以前に、常に「家ではどうしているか」という原点にたって、暮らしの基本である衣・食・住に関する知識や技術が求められます。春夏秋冬、季節感のある生活のしつらえや節目ごとの習わしや行事、地域の中での暮らしの楽しみ方、昔ながらの風俗や習慣などの知識や対応を幅広く持っていることもケア

サービスの上で大いに役立ちます。ことに、痴呆でも豊かに秘めている五感の力や過去の記憶を引き出しながら本人の自立や生活の質を高めていくことが重要なケアのあり方であり、その素材としての生活に関する知識や技術は、グループホームでのケアにとって非常に大きな力になります。

　一般的な生活の知識・技術に加えて、各入居者独自の生活のあり方、特に過去のバックグランド（生活歴に加えて、時代性や地域性の相まった個別の生活特性）に関する情報収集も不可欠です。

(c)障害を最小限にし、心身の機能を最大限ひきだすための知識・技術

　痴呆とは何か、痴呆による生活障害とは何か、入居者の心身の潜在力や自然治癒力を引き出して、本人なりの生活の再構築を図るためにはどうしたらいいのか、そのための知識と技術が必須です。またケアの基本として、痴呆を悪化させる3ロック（スピーチロック、フィジカルロック、ドラックロック）に関する知識とそれを阻止するための技術を高めることが求められます。

(d)保健・医療に関する基礎的知識・技術

　入居者の多くが、高血圧症や心疾患など何らかの持病をもっています。入居者の安全で健康な生活を守り維持するために、高齢者の一般的な健康管理に加えて、痴呆の人に日常的に起こる特徴的な心身の症状や対応についての知識と技術が不可欠です。

　痴呆性高齢者の場合、十分な観察をしていても予期せぬ状態の急変が起こることも多くあります。発熱、怪我や骨折、窒息、意識の低下などの急変が起こった時、医師につなぐまでの間、正しく対処できるように応急手当や心肺蘇生法などの基本的な知識と技術が必要です。こうした知識・技術は、特に、夜間スタッフがひとりで勤務をこなす上での安心感と自信につながり、夜勤体制を維持するためにも必須と言えましょう。

　また、まだなんとか歩行が可能なレベルであっても、痴呆が進行すると、無言、寡動、筋硬直、失禁、えん下障害などが出現し、合併症（呼吸器、泌尿器など）も起こりやすくなります。身体面にのみ目を奪われず、心理面、社会面も含めて全体的にアセスメントし、医療を上手く活用しながらグループホームの環境を生かしたケアプランを立案、展開できる知識・技術をスタッフが身につけていけると、痴呆が進行したケースでもグループホームで暮らし続けられる可能性が広がります。グループホームに勤務する看護職などを中心にしながら、痴呆が進行したケースに対するケアの知識や技術を一層高めていく取り組みが期待されます。

(e)人権を守り、支えていくための知識・技術

　グループホームのケアは、別の角度から見ると痴呆の人に対する暮らしの中での人権侵害を徹底的に防ぎ、支援したり代弁しながら人権擁護

グループホームのケアのポイント
→21頁参照

スピーチロック
禁止や指示の言葉や厳しい口調の言葉を相手に浴びせかけることにより、心身の動きを封じ込めてしまうことをいいます。

フィジカルロック
身体的拘束を加えたり、空間的に閉じ込めることによって、身体的動きを拘束し、そのために様々な弊害が生じる状態をいいます。

ドラックロック
痴呆の随伴症状を抑え込むために不適切な薬物の投与を行ない、身体機能の低下をきたしたり、痴呆そのものの症状の悪化や進行速度を速める結果となることをいいます。

を押し進めていくことでもあります。生活場面での本人への情報提供と自己決定、本人の要望や苦情に対する対応、外出と鍵、金銭・財産管理、選挙、医療の利用決定、その他解決の難しい局面の中で適切に判断し行動していくための知識や具体的な対応策を真剣に高めていくことが求められています。

③ スタッフを育てる体制
(a) グループホーム開設前のスタッフ研修

グループホームの穏やかな雰囲気を生みだし、共同生活の基盤固めをするためには、開設直後から数週間のケアのあり方が非常に重要であることは先にも示した通りです。一方、スタッフにとっては開設直後のこの時期は、まだ環境や運営に不慣れであり、スタッフ同士の連携プレーも育っておらず混乱しやすい時期です。その混乱を最小限に食い止め、できるだけ速やかにグループホーム全体と個々の入居者の落ち着きを導くためには、スタッフに対する研修を開設前に実施しておくことが不可欠です。

研修は、座学で学習するとともに、既存のグループホームでの実習を実施する必要があります。実習を全スタッフが行うことが無理な場合でも、ケアの中心的役割を担う、少なくとも2名以上のスタッフが実習を経てから開設に至れるよう、開設準備を進めることが非常に重要です。2名以上のスタッフが実習体験を有していると、開設後、協力しながら早くグループホームケアを軌道にのせることができ、また勤務交代があっても一貫したケアを保持していけることにつながります。

(b) 新人スタッフ採用時の研修

開設後、新たにスタッフを採用する際、新任者は第一日目から入居者の生活支援者としての責務を担うため、やはり事前の基本的な研修が不可欠です。入居者との初期の関係作りが上手くいかないと、後々のケアの大きな支障となって尾を引くので、現入居者の特徴と適切な関わり方についても重点的に事前に学ぶ必要があります。新任者の資質や能力は一人ひとり違うので、グループホームケアの理念と可能性を確実に身に付けつつ、伸び伸びと新人としての感性と個性を発揮できるような研修が望まれます。

(c) オン・ザ・ジョブ・トレーニング（OJT）

集中的な事前研修と同時に、日常のミーティングや実務場面での実践的なトレーニングを積み上げていくことが、スタッフのグループホームケアについての理解を深め力量を高めるために重要です。

現場では痴呆のお年寄りの言動の理解やサインの読み取りが難しく、適切な対応が図れない場面が数多く山積しています。できるだけ直

> グループホームの開設直後
> →29頁参照

後に具体的な場面を捉えて、スタッフ相互にアセスメントや対応のアイディアを出し合い知識や技術を磨き合っていくことが肝心です。

その過程で管理者がスーパーバイザー（監督者、指導者）として、スタッフの悩みや考えを引き出したり、アドバイスをしていくことができると、スタッフが問題に立ち往生せずステップアップしていくことができます。グループホームケアに詳しい他のグループホームのホーム長や研究者を定期的に招いて、より専門的なOJTを実施し成果をあげているホームもあり、今後こうしたあり方が普及していくことが期待されます。

(d) フォローアップ研修

少なくとも一年に一回は現場から離れてグループホームの研修会や交流会に参加し、グループホームの望ましいあり方や新しい知識について学習を深める機会が必要でしょう。他のグループホームのスタッフと出会いネットワークを作ることも、視野を広げ、グループホームのより大きな可能性に挑戦するための大きな推進力になることでしょう。そうした意味で、座学の研修のみではなく、他のグループホームに入って実践研修を行うことも、日頃のケアを振り返ったり、別の視点でのケアの方法やアイディアを広げることができ貴重な機会となります。いくつかのグループホームでネットワークを組み、互いにスタッフを受け入れ合いながら相互実地研修を行う試みも始まっています。今後多くのグループホームがこうしたシステムに加わって、相互に研鑽しながら全体としての質の向上をはかっていくことが望まれます。

なお、国では現在、痴呆性高齢者介護の研究・研修体制の整備を進めつつあり、グループホームのスタッフの知識・技術の向上をはかる機会として大きな役割をはたすことが期待されています。

④ スタッフのストレスの緩和対策

スタッフは、一日を通して痴呆のお年寄りたちと関わりながら、調理や掃除その他の家政的な仕事もこなし、夜間も一人で対応するなど、身体的な負担と同時に精神的負担も少なくありません。ストレスが高まることでケアの質や仕事の継続が危うくなることも多く、ストレスを緩和していけるよう日常的な対策を意図的に実施することが欠かせません。

先にあげたスーパーバイズ（監督、管理、指導）の仕組みや外部研修の機会は、スタッフの日頃の不安を取り除きリフレッシュを図るためにも大切です。職場外での食事会や親睦会などもストレスを発散させ、グループホームを共同で支える仲間としての一体感を高めるための大切な機会となるでしょう。

日常的にスタッフが一息ついてゆっくり休める時間の確保や、その時

間に十分に心身を休めリフレッシュを図るためのスタッフルーム（休憩室）などの環境作りも、忘れてはならない点です。

(5) バックアップ体制作り

スタッフの業務分担
→30頁参照

① 日常のケアサービスや周辺業務の応援体制作り

すでに業務の外部化のところで紹介したように、母体施設や地域の組織・人（ボランティア、市民活動、サークル、地域の小売業者や理美容者など）あるいは家族等の支援を得て、日常のケアサービスや周辺業務の応援体制を確保するやり方があります。この際、グループホームでの直接的ケアや周辺業務の双方をバックアップしてもらう体制を持つホームと、直接的ケアはグループホームのスタッフで担い周辺業務についてのバックアップを他に求めるホームとがあり、体制作りや方針に違いが見られています。形よりも入居者の生活の質と安定が確保されているかの内実の確認がなされる必要があるでしょう。

② 入居者の地域に開かれた生活を保障するための近隣のバックアップ体制作り

近所への散歩やドライブ、買い物、馴染みの理美容院や食堂・喫茶店の利用、園児や小学生との交流、回覧板回しや町内会行事への参加など、入居者がそれまで通り町に出て人々や町の風物、自然とふれあいながら豊かに暮らせることが、グループホームの目的のひとつです。その実現のためには、近隣や関係する人々に対して、開設準備段階から痴呆のお年寄りとグループホームに対する理解と応援を求めるていねいな働きかけが不可欠です。こうした働きかけは、グループホームの入居者のみのためではなく、地域の多くの痴呆のお年寄りが町に出て暮らせるための大切な布石となることでしょう。

医療との関わり
→46頁参照

③ 日常の医療、および急変時の医療のためのバックアップ体制作り

入居者は痴呆の原因となる疾患に加えて、老化に伴う様々な慢性疾患や若いころからの持病などなんらかの病気や症状を持っている場合が非常に多くあります。グループホームの日常の暮らしの中では、入居者の痴呆の状態や身体状態は変動しやすく、職員は痴呆状態の増悪や様々な身体症状（不眠あるいは長時間の睡眠、便秘、失禁、痛み、食欲不振等々）に適切な対応が求められます。痴呆のために本人自身が訴えや正確な説明ができない場合が多いため、職員が正確に観察し、日常レベルで一つひとつに適切な対処をしていくことが、入居者が安心してより長

くグループホームに暮らし続けるために不可欠なのです。

　日々の中では、職員のみでは、入居者の変化がなぜ生じているのか、見通しはどうなのか、検査や治療が必要なのか、など判断に迷う場面も多々あり、日常的に細かく相談できる医療者の存在は、入居者はもちろん職員の大きな支えとなります。ホーム全体のかかりつけ医や地域の中で活動している歯科医師、訪問看護婦、保健婦などと積極的に関わりをもち、日常の医療の守りを重層的に固めていくことが望まれます。こうした取り組みの積み重ねが、グループホームでの在宅ターミナルケアの可能性を開くことにもつながり、今後の充実が求められている点なのです。

　けがや病気のために入居者に受診や入院が必要となることもまれではありません。環境変化による痴呆の悪化を最小限に食い止め、適切な検査や治療を受けられるように、日頃から地域の医療機関に痴呆やグループホームについての理解を深めてもらう働きかけ、たとえば開設時の案内やオープンハウス、グループホームのパンフレットや生活を記した通信などの配布、職員が定期的に訪ねての経過報告や相談などを行うことも大切です。

④　事故・災害時のバックアップ体制づくり

　家屋の内外でのけが、行方不明などの事故の際や、火事・地震などの災害時には、医療の確保はもちろん、スタッフ全員を至急動員できる緊急体制を整備しておくことが必須になります。痴呆のお年寄りは一般のお年寄り以上にパニックに陥りやすいものです。事故や災害時、入居者全員の安全と安心の確保を図るためには、スタッフ以外にも急な場合にかけつけてくれる入居者の馴染みの人を日頃から確保し、応援のための訓練をしておく必要があります。母体組織がない場合はもちろん、母体組織による応援がある場合でも、地域の防災訓練に積極的に参加し、地域の人による緊急の応援体制を整えておくことも求められます。

　なお、痴呆の行方不明者を地域ぐるみで探すためのネットワーク（徘徊SOSネットワークなど）を推進していくための活動を、各グループホームがそれぞれの地域で積極的に行うことも大切です。

⑤　退居後の暮らしとケアの継続性を保障するバックアップ体制

　痴呆のお年寄りのケアで重要な点は、住み慣れた暮らしの継続性です。どのような状態になったら退居を求めるか、退居条件は各ホームでかなり幅がみられる現状にありますが、そのグループホームの守備範囲を明確にし、想定される退居に備えて、スムーズに移れるための受け皿を確保しておくことが欠かせません。

*かかりつけ医
→48頁参照*

母体施設や日頃から連携している施設があっても、ベッドや部屋に空きがない場合には移れないケースもあります。進行した痴呆性高齢者の受け皿の確保はグループホーム側の努力のみでは解決できない問題となっており、今後の公的な体制整備が強く求められています。

現在は、ややもするととにかく入れる受け皿の確保に留まりがちですが、本人や家族、そしてそれまでケアをしてきたスタッフが切望しているのは、それまで過ごしたグループホームでの暮らしやケアのあり方をできるだけ継続できる質を備えた受け皿の確保です。グループホームの環境作りやケアのあり方を取り入れた施設が今後増えるよう、この点に関しても公的な推進策が求められます。

同時に、グループホーム側としても、日頃からバックアップ施設に対してグループホームの環境やケアについての理解を深める働きかけを積極的に行うことも大事なことです。また、実際に移り住む際に本人の暮らしとケアを継続させていくための具体的な情報や技術を施設側にていねいにバトンタッチしていく働きかけも、グループホームとしての大切な役割でしょう。

(6) ケアサービスの質の評価のための体制作り

質の評価（の例）
→124頁参照

グループホームの意義と必要性は確実に社会的認知を受けつつありますが、財政難の中で、経営のみに片寄った観点でグループホームの体制作りを考える傾向が、近年、強まっています。ケアサービスの質の保持の観点とそのための具体的手だてをもたないグループホームは、存在意義が危ぶまれます。

各グループホームは、ケアプランの実践後の評価など日常的レベルで質の評価を実施することが必須になります。加えて、少なくとも年一回、定期的にケアサービスの質を評価し、グループホームが積極的に自己点検と業務改善を行うべきでしょう。こうした機会は、グループホームの日頃の関わりの中では埋もれている利用者のニーズを把握し、ケアサービスのあり方を見直す大事な機会となります。同時に、グループホームの成果と課題を利用者や関係者に明確に提示していく貴重な機会となるでしょう。

① サービス提供者および利用者による多面的評価

運営基準
→188頁参照

グループホームのケアサービスに求められる質の要件（生活の継続性、尊厳の保持、生活の質の向上、状態改善／自立性の確保、利用者の意向の尊重、満足など）に関する客観的評価項目を用いて、サービス提供者（全スタッフ、管理者）および利用者（本人、家族）から多面的に評価してもらうことは望ましいことです。

現在、この方法をグループホーム独自に実施したり、地域のグループホーム全体で取り入れて協同で実施する試みが始まっており、業務の改善や利用者への情報開示、意思疎通の機会として成果があがっています。こうした取り組みが普及していくことが期待されます。

② オンブズマンによる評価、代弁体制作り

痴呆やグループホームケアについて十分に理解のある第三者が、オンブズマンとしてふだんのグループホームを訪ね、ケアサービスの評価と利用者の代弁を行う体制作りが望まれます。そうした体制作りにグループホーム独自で着手しているところもみられますが、今後は、地域の複数のグループホームが協同しあい、家族会や市民、福祉・保健・医療等の関係者らとも協力しながら、日常的な評価・代弁機能を果たしていくための体制作りが進めていくことが期待されます。

現在検討されている地域福祉権利擁護の制度の利用も、必要に応じて考慮していくことも大切になります。

③ 全国規模でのグループホームの質の評価体制の整備

今後は、全国一律のグループホームの評価方式が整備される必要があります。複雑な方式ではなく、どこでも、だれでも評価できたり、評価内容を吟味できるような評価方式であることが望まれます。現在、国内「全国痴呆性高齢者グループホーム協会」等の組織が協同してこのような評価方式の開発に着手しており、有効な評価体制となることが期待されています。

第3章
成立のための地域の要件

1 市町村等の役割について

(1) 市町村と痴呆性高齢者介護の充実

① 痴呆性高齢者介護対策に対する市町村等の役割の重要性

　介護保険の導入を待つまでもなく、痴呆性高齢者の介護における市町村の役割は重要です。
　第一に、痴呆性高齢者の福祉も含めて高齢者福祉については、いちばん身近な行政がその推進の役割を期待されています。民間事業者が福祉サービスを供給することがあるとしても、地域における充実したバランスのとれた福祉サービスの整備とその円滑な利用の促進は行政の責任でしょう。すなわち、福祉サービスが民間で供給されようが公的に供給されようが、福祉を保障するのは公的役割です。これは痴呆性高齢者介護についても同様です。
　第二に、後期高齢者が急増することを考えると、痴呆性高齢者の介護対策は市町村の高齢者福祉の試金石となるものと考えられます。市町村においても、明確な痴呆性高齢者のための福祉政策が望まれるゆえんです。
　第三に、福祉そのものの捉え方が変わってきたことがあげられます。高齢社会とは、ほとんどの個人にとって、ライフサイクルの中に福祉が重要な要素になるということです。老後の介護に対する関心の高さはそのことを物語っています。われわれの生活が地域を基盤にしているということは、地域においていかに福祉を充実させるかが課題となります。特に、痴呆性高齢者にとって生活環境の重要性がますます認識されていることを考えると、痴呆性高齢者介護についても市町村における地域の福祉のあり方が大切になります。
　第四に、福祉全体においても、施設処遇か在宅かといった単純な二分法は成立しなくなってきていることがあげられます。最初にそのようなふるい分けがあるのではなく、自分が受けたい介護を受けたいところで受けるというのが基本原則でしょう。その原則の下で、現実に可能な選択肢を模索し、障害を乗り越えていくという方向性が必要とされている

のです。

　痴呆性高齢者の場合、自分が受けたい介護を受けたいところで受けるという意思表示そのものが難しいのではないかと考えられがちですが、まさにグループホームにおける取り組みそのものがこの問題解決の第一歩なのです。痴呆性高齢者が落ち着いて生き生きと生活できる環境を作ることが課題なのです。

② グループホーム推進計画の明確化

　すべてにわたって市町村がイニシアチブをとらなければならないということではありません、当該市町村の福祉計画の必要性は論を待たないでしょう。痴呆性高齢者における福祉計画も全体的な市町村の福祉計画の中に位置づけられる必要があります。

　痴呆性高齢者は、現在、精神病院、特別養護老人ホーム、老人保健施設などで療法、介護、看護などを受けていますが、在宅で介護を受けている人も多いのです。しかし、グループホームに関しては、関心が持たれて日が浅いこともあり、極めて数が少ないのです。今後、国の政策の中でも積極的に整備が進められるものと考えられますが、まず、市町村が積極的にその利点を理解し、地域における計画的な整備をしていく必要があります。そのためには、グループホームの推進計画を立て、様々な供給主体と住民にその必要性と見通しを知らせる必要があるでしょう。計画の推進にあたっては、地域の痴呆性高齢者の実態を把握しなければなりません。その際、実際に必要としている痴呆性高齢者だけでなく、潜在的な対象者の把握（将来推計）にも心がける必要があります。

③ 痴呆性高齢者の実態把握の必要性

　ほとんどの市町村が、その地域に住んでいる痴呆性高齢者の実態を正確に把握しているとは限りません。老人保健福祉計画等の実態調査で、痴呆性高齢者の実態調査が行われることがありますが、「うちの町は全国的に見ても痴呆の人が少ない」と言うようなことを担当者から聞くことがあります。しかし、なぜ少ないかについては明確な説明を聞くことはほとんどありません。実態調査でこと足れりとするのではなく、その原因をはっきりさせなければ、せっかくの調査も政策に生かすことができないのです。

　実際には、そのような調査で痴呆性高齢者の実態を把握することは難しいのです。第一に、痴呆性高齢者の判定の難しさがあげられます。痴呆性高齢者はその性状が環境やその場の雰囲気、面接をする人などによって変わることが多いからです。第二に、痴呆症の知識がある人が面接できないことも多いのです。また、家族などの間接情報に頼って判断

することもあります。第三に、その家族が痴呆症に関して知識を持っていないことも多いし、持っていたとしても正確に伝えたがらないかもしれません。このような事情を考慮して実態調査を考えなければ、地域の痴呆性高齢者の実態を調査から把握するということは困難であることに注意しなければなりません。

(2) 市町村とグループホーム

① 痴呆性高齢者介護におけるグループホーム

痴呆性高齢者は、地域でどのように暮らすことが望ましいのでしょうか。痴呆症に対して特別のケアが必要であることは明らかですが、しかし、どのような特別なケアが必要かは常に問い続けなければならない問題です。痴呆症が病気であるとしても、社会的にみれば、治療することより、いかに介護するかということの方が大きな問題です。事実、ほとんどの痴呆症が治療の見込みのない現状では、痴呆症を患った高齢者がどのように暮らしていけるのかが、本人にとっても、家族や介護者、さらには地域や社会にとって重要なのです。

痴呆性高齢者は、環境に対して非常に敏感に反応することはよく知られています。痴呆症によって他人とのコミュニケーションがうまくとれない高齢者は、自分の現在の状況を把握できず、他人からみれば見当違いの行動を取ります。このような高齢者に対して、どのような環境を提供できるかが痴呆性の高齢者の介護には重要な意味を持ってきます。

ここで環境という一般的な言葉を使いましたが、環境は物理的な環境と人的な環境を区別することができます。

物理的な環境とは、馴染みのある家や地域があることによって、必要以上の見当違いや混乱を防ぐことを指します。過去の記憶の中で自分を考えることの多い痴呆性高齢者には、まさに過去の家や地域が必要なのでしょう。

物理的環境以上に重要なのは、人的環境です。痴呆症であっても他人に無視されたり、拒絶されることはわかるのです。というより、そのようなことに対して、より一層影響を受けるのが痴呆性の高齢者です。多くの問題行動は、痴呆症に原因があるとしても、それを重度化させているのは人との関係やケアのあり方に問題があることの方が多いのです。

このように考えると、ケアあるいは介護ということも対処療法的なものであるよりも、生活全般にわたるものであることがわかります。家族関係、介護者との関係など対人関係が痴呆性高齢者にとって重要なケアの要素になります。

このような痴呆性高齢者の特質を理解した上で、どのように痴呆性の

高齢者が暮らしていけるのかを考えなければならないのです。グループホームは、これらの問題に対する一つの解決方法にすぎないのですが、現在のところ最も効果的な方法であると考えられています。福祉は社会的ニーズに従って生まれてくるものですが、グループホームは痴呆性高齢者の介護という新たな社会的ニーズに従って生まれてきたのです。グループホームというものが先にあって痴呆性高齢者の介護が存在するのではありません。これは当然のことのように思われるかも知れませんが、制度ができてくると「制度が先にありき」という状態になるのは、今までの福祉の歴史の中で繰り返し行われてきたことであり、それを考えると思考の逆転の方が実際は多いのです。グループホームにおいても、制度化されると同様のことが起こってくるでしょうが、痴呆性高齢者の介護というニーズに従ってグループホームが生まれたということは忘れてはなりません。

② ニーズがあって政策がある

地域において痴呆性高齢者がどのように暮らしていけるのか、という視点から考えるためには、先に述べたように地域の実状を把握することが必要ですが、さらに「制度があって事業がある」という発想から、「必要、ニーズがあって政策がある」という考えを積極的に進める必要があります。例えば、グループホームの立地について考えるとき、用地取得の容易さだけが優先されることがあってはいけません。小規模であればこそ、大きな施設に比べて街中に建てることは容易になるという利点を活かす必要があります。街中であればグループホームに移っても痴呆性の高齢者が継続して住み慣れた地域で暮らすこともできます。そのことは利用者に安心感を持たせることになるし、家族や地域の人たちも気軽に立ち寄れる環境を作りやすいのです。建物だけでなく、それを含む環境も重要な要素なのです。

地域に何が必要かは、一方的な地域の実態の把握だけではなく、積極的なニーズの掘り起こしがなくては判断できません。そのためには、住民の意見を汲み取る方法が工夫されなければなりません。さらには、相互に意見交換をする場がなければならないし、共同して福祉を進めるという考えが重要になります。痴呆性高齢者に関わる人や組織をとっても、その関心の高さと深まりから、従来の福祉施設だけではなく住民組織や民間組織など多様化してきています。地域をベースとする行政であればこそ、それらとの関係はますます重要になります。

行政と一口にいっても、住民にとっては首長から現場の担当者まで多様なレベルがありますが、それぞれのレベルで住民との対話が欠かせないことは言うまでもありません。また、地域住民といっても同様に実に

多様ですが、ニーズを持った人、また潜在的にニーズを持っている人を基本として地域のビジョンを模索していく必要があります。そうでなければ、必要に応じて対応できる仕組みはできないでしょう。

③ グループホームの可能性と行政のあり方

　また、グループホームを運営する人や組織との密接な関わりも重要です。グループホームは、地域から独立した一福祉サービスに過ぎないというのではなく、他の福祉サービスと密接な連携の下にあるサービスです。痴呆性高齢者に対する地域住人の理解を深めるためにも、グループホームは重要な役割を期待できるでしょう。グループホームに対する地域の理解が、痴呆性高齢者に対する、あるいはその介護に対する住民の理解を深めることになるでしょう。

　さらに、痴呆性高齢者を地域で抱えた介護者や家族の支援もグループホームの役割として考えることができます。その可能性は、地域の実状やグループホームのあり方に依存しますが、行政が率先してそのような取り組みを提言していくことも考えられるのではないでしょうか。特にグループホームの事業においては、痴呆性高齢者の特性に合ったケアマネジメントが期待できるでしょう。ひるがえって、そのような力量を持ったグループホームが地域に必要とされていると言えるでしょう。

　グループホームが地域の実状に応じて様々な形になることがあるのは、ある意味で当然です。しかし、行政がそのあり方を一方的に決めるというのではなく、地域住民、利用者、運営者などとの協力関係の中で決まっていくものでしょう。すなわち、グループホームは地域の中で、地域によって作られるものです。しかし、地域による違いが、地域の特性を生かした個性ではなく、単なる地域格差となってはならないことは言うまでもありません。ましてや、行政やグループホーム経営者の制度解釈の違いによって、展開される事業の質が大きく左右されるようなことがあってはなりません。地域に開かれた行政があってグループホームは本来の役割を達成できるのです。

　従ってグループホームの評価も、単に基準を満たしていればよいというものではありません。他の多くの福祉サービスと同じですが、グループホームを考えるとき基本となるのは、本人の満足度、家族など介護者の満足度であると言えます。具体的にこれらの満足度をどのように把握するのかは、様々な困難を伴います。しかし、困難であることがこれらの満足度を無視することを正当化する理由にはならないでしょう。意思表示の難しさはなにも痴呆性高齢者だけではなく、その介護者や家族にとってもあり得ることを考慮する必要があります。社会的偏見などにより、最善の選択ができないこともあるのですから。

特に、立地する地域の特性にあわせて様々に展開するグループホームは、これまでの福祉施設の評価方法では評価できないでしょう。グループホームの特性や役割にあった評価を地域で作り上げていくことも、行政の重要な役割にならなければなりません。グループホームが痴呆性高齢者の新たな介護形態であるなら、それに合った新たな評価のしかたを考えていかなければなりません。
　また評価は、それ自身が目的ではありません。より質の高いグループホームが作られ、そこでより質の高いケアや生活環境を提供することが重要なのです。そのための評価でなければなりません。行政が監査をするということもひとつの評価です。しかし、グループホームを社会資源として考えると、そのグループホームに関わるすべての人の評価というものが大切である。利用者である痴呆性高齢者、その家族、地域の住民などは、社会資源としてのグループホームの重要な関係者です。これらの人が評価できるのに十分な情報が公開されなければなりません。そのための仕組みを行政が中心となって作る必要があります。行政が直接評価基準を作っていくということも考えられましょう。しかし、これまで行政主導というよりは、痴呆性高齢者介護の新たな方法として自発的に生まれてきたグループホームが多いことを考えると、何よりもグループホームを運営する側からの自発的な取り組みがいちばんです。そして、それを支援する体制が行政に求められるのです。
　これまでの高齢者福祉では、行政が福祉サービスの質を監査し、それを本人、家族などが信頼するという仕組みであったと言っていいでしょう。そのために、行政の方を見て本人や家族の方は見ていないといった福祉サービス提供のあり方がしばしば見られました。グループホームは、痴呆性高齢者本人や家族のニーズに応えて生まれたことを考えると、直接本人や家族の信頼に応えることが大切であり、その実績を行政が評価するという、今までの評価の仕組みとは逆のあり方が望ましいのです。

2　医療との関わりについて

(1) グループホームと医療との関わり
　介護保険の中で"かかりつけ医"という言葉が使われ始め、ようやくこの言葉も認知されるところとなりましたが、地域社会の中で高齢者が息災に生きて行くためには、何でも気軽に相談できる"かかりつけ医"の存在は欠かせません。ましてや要介護の高齢者にとって必須の条件でしょう。
　高齢者の多くは2～3の慢性疾患を有していて、そのほとんどが完治

することはなく、継続的治療を必要とするものです。特に痴呆性高齢者は老化のスピードがはやく、ADLの低下も著しいといわれていますが、糖尿病、高血圧、心疾患、変形性関節炎などの長期治療を要する慢性疾患を合併していることが多く、かかりつけ医による定期的な医療の関わりなくしては安穏な生活は望めないのです。

　痴呆性高齢者グループホームは5～9人の小人数とはいえ、高齢者の共同生活の場であることを考えれば、加齢による機能低下、慢性の合併症、不慮の事故などに対応する医療との連携は不可欠です。ホーム全体のかかりつけ医（グループホームを家庭と考えれば家庭医と呼ぶ方が適当かも知れません）としての協力医を近隣に求め、疾病治療のみならず、健康管理の相談役や、専門医や病院との連携の窓口としての役割を依頼するようなシステムが最も望ましいでしょう（図3-1）。

グループホームと医療の関わり
→50頁（図3-1）参照

(2) 痴呆専門医との連携

　現状では「痴呆専門医」にはっきりした定義はありませんが、ここでいう「痴呆専門医」には、痴呆に関する豊富な医学的知識、痴呆ケアや痴呆性高齢者のおかれている現状、関連する福祉制度に関する知識を持っていること、また、これらの医学的知識に基づいて痴呆のレベルを含めた正確な診断を下せる医師であること、さらには、医学的治療の限界をわきまえ、適切なケアや援助が受けられるよう、その人の生活に関する幅広いアドバイスができること、などが求められます。

　痴呆性高齢者がグループホームに入居する際には、こうした痴呆専門医による正しい痴呆診断と痴呆レベルの判定が必要です。痴呆症状を呈する高齢者の中には、一部ではありますが原因となっている疾患を治療すれば完治するケースもあることを考えると、こうした痴呆をまず鑑別し、現時点ではまだ治せない痴呆であれば、アルツハイマー型痴呆か脳血管性の痴呆か、又は混合型なのか、そしてそのレベルの正確な診断を受ける必要があるでしょう。

　痴呆症状は日により、時間により変化し、場所により、相手により、体調により変わることから、いくら痴呆専門医と言えども、痴呆レベルの判定やグループホームへの適性の判断まで含めると、一回の診察では正確な診断は無理であり、一定の観察期間が必要になります。将来的には公的な痴呆診断センターといったものが地域毎に整備され、そこでのショートステイでの観察期間を経て診断するようになることが望まれます。

　こうした痴呆の種類やレベルの診断は、グループホーム入居後にケアプランを考える際に、なくてはならないものとなります。

　次いで入居後の変化に対しても、専門医による定期的なチェックや、

痴呆の重度化や問題行動に対する介護上のアドバイスが受けられるような仕組みが必要です。このような痴呆専門医と協力医との連携も大変重要で、相互に情報を交換し、相談し得るような間柄であることがホームや家族にとって大きな安心をもたらします。また自傷他害の症状を呈するなど状態の変化によって、共同生活が不可能になった場合の入居者の退居判定の際にも、退居先の検討などを含めて、痴呆専門医が相談に乗ってくれるようなシステムが必要であるでしょう。

ただし、精神科や神経内科の医師すべてが痴呆専門であるとは言えず、痴呆専門医と呼べる医師は現在まだ少ないため、痴呆性高齢者の増加に見合う、専門医の早急な育成が大切です。

(3) 協力医（ホームのかかりつけ医）との連携

大部分の痴呆性高齢者は痴呆以外にも、高血圧症や糖尿病といった生活習慣病や、変形性関節症などの老化による慢性疾患をもっているため、継続的な医療がなされねばなりません。グループホームに生活する痴呆性高齢者も例外ではなく、かかりつけ医による定期的な外来診療もしくは往診が必要となります。グループホームとしては、ホーム全体のかかりつけ医としての協力医を決め、入居者全員の疾病治療や健康管理を依頼することが肝要です。そして協力医との信頼関係の下、医療に関するキーパーソンとして入院を要する場合や、専門医紹介などの役割を担ってもらうべく密な連携を図る必要があります。入居者が入居以前から診てもらっている専門性の高いかかりつけ医に、入居後も継続して診てもらえればそれに越したことはありませんが、その際にも協力医との連携は不可欠です。

痴呆性高齢者グループホームの協力医としては、痴呆に理解があり、必要があれば往診し、気さくに相談にも乗ってくれて、専門にこだわらず総合的に診療をし、緊急医療や専門医療が必要な場合には、適切な医療機関を紹介してくれる近隣の医師が望まれます。

協力医に期待されることとしては、以下のような4点が挙げられます。

① 合併している慢性疾患に対する治療

前述したごとく各入居者に対する個別の疾病対応はもちろんですが、各人のQOLに配慮した、全人的、総合的な診療姿勢が望まれます。

痴呆がある程度進行してくると、自分の身体の不調を正確に表現することができなくなり、診断のポイントとなる訴えを本人からうまく聴き出すことが大変難しくなります。こうした際、グループホームでのバイタルチェックや睡眠の状態、排尿・排便の状態、行動の観察などの情報が診断には不可欠でしょう。また採血などの検査一つにしても協力

が得られない場合も少なくありません。その医師が入居者にとって、いわゆる"なじみの関係"になっているかどうかで、協力が得られるか否かが左右されることがよくあります。

　病状によっては、在宅医療にとって重要な意味を持つ訪問看護や訪問リハビリなどもグループホーム側と相談の上、導入すべき場合もあります。そうした際の指示も協力医の仕事です。

② 健康チェックとデイケア

　疾病により定期的に検査されている入居者はともかく、全員が年に二回の老人健診は必ず受けることが望まれます。入居後に発病することもあり、早期発見に繋がると思われます。

　また入居者のデイケア利用は、場所が変わり、他者との触れ合いから、QOLの向上、ADLの改善・保持に繋がる場合も多いので、デイケアの利用の適否の判断にも関与すべきでしょう。

③ 地域の各科専門医との連携

　いくら総合的な医療を志す協力医とはいえ、各科専門医の協力を得なければならないこともあります。整形外科、耳鼻科、皮膚科等の疾患が多いですが、直接受診するのではなく、協力医から適切な専門医を紹介してもらい受診した方がよいでしょう。そうすれば協力医には専門医から病状や、治療内容に関する情報が入るため、グループホームにとっても得策であると考えられます。

　つまりこうしたことが入居者の医療と健康に関するキーパーソンの役割であると言えるでしょう。

　ここで忘れてはならないのが歯科です。高齢になれば誰でも多かれ少なかれ入れ歯や歯周病で歯科のお世話になりますが、痴呆が進むと義歯が合わなくなっても訴えなかったり、歯磨きもうまくできないこともあります。ぜひ定期的に歯科検診を行い、口腔ケアの指導をし、疾患があれば治療をしてもらえる近隣の歯科医（最近では往診治療してくれる歯科医師も増えています）に歯科協力医になってもらうことが大切です。

　口からものを噛んで食べることは基本的な欲求であり、健康の源です。咀嚼、嚥下がうまくできなくなるとADLは急速に低下し、グループホームでの生活が難しくなってくるので、口腔ケアは大変重要な問題です。

④ 救急医療：病院との連携

　病状が急変しやすい高齢者にとって、救急医療の重要性は言うまでもありませんが、一刻を争う場合や、かかりつけ医と連絡が取れない場合などの特別の例外を除いて、前項で述べたように協力医の紹介によって

入院した方がよいでしょう。

　一般的に言って痴呆性高齢者は、入院する意味が解らず、環境の変化に混乱し、回りの患者に迷惑をかけ、治療看護に手間がかかる可能性があるので、病院での受け入れが容易ではない患者であることが多いと思われます。こうした事情も勘案して、平素から協力医と相談し、協力医と連携がある、痴呆に理解のある病院を探しておくことも大切なことです。

　ある日突然、生活の場から治療の場への移行は大きな環境変化であり、痴呆性高齢者が入院するということは、我々の想像をはるかに越えたストレスとなって痴呆症状を悪化させるであろう事は十分考えられます。またリハビリのための入院でもない限り、ADLも低下することが多いのです。入院期間は最低限にし、なるべく早期に退院できるように病院、協力医と話し合う必要があるでしょう。

図3-1　グループホームと医療の関わり（連携のあり方）

※痴呆専門医に関しては47頁を参照

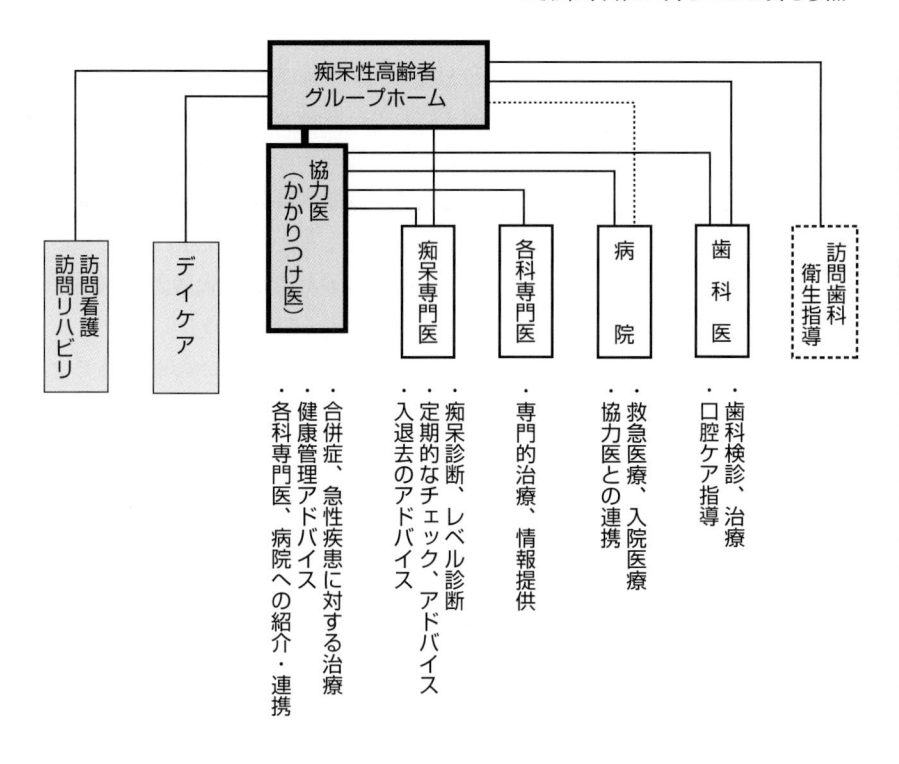

痴呆性高齢者グループホーム

- 訪問看護 訪問リハビリ
- デイケア
- 協力医（かかりつけ医）
  - 合併症、急性疾患に対する治療
  - 健康管理アドバイス
  - 各科専門医、病院への紹介・連携
- 痴呆専門医
  - 痴呆診断、レベル診断
  - 定期的なチェック、アドバイス
  - 入退去のアドバイス
- 各科専門医
  - 専門的治療、情報提供
- 病院
  - 救急医療、入院医療
  - 協力医との連携
- 歯科医
  - 歯科検診、治療
  - 口腔ケア指導
- 訪問歯科衛生指導

3 家族とグループホームの関わりについて

(1) グループホームの基本理念を理解する

　在宅で痴呆性高齢者を介護する場合、多くの介護者は、痴呆性高齢者がそれまで通りの普通の生活をするためにも、日常生活の食事の支度、後片づけ、掃除、洗濯、買物などを可能な範囲で担ってもらいたいと思います。しかし、これには危険防止の見守りや一緒に行動することが求められます。介護者は長期間介護のみに時間を割くわけにもいかず、気持はあっても、実際にはなかなか難しいのが現実です。

　痴呆性高齢者が主体者となり、あせらず、楽しい雰囲気で一日が流れる生活、安全なところで安心して安定した生活は、在宅介護者の望むところです。グループホームでの生活には、それが期待できます。

　グループホームの生活は、まったく新しいタイプの生活形態です。グループホームケアは、利用者が生活の主体として自立した生活を営み、それをスタッフや家族が支えることで成り立っています。つまり、グループホームスタッフと利用者及びその家族の関係は、サービスを提供する側とサービスを受ける側という関係ではなく、利用者の安定した生活を目指し、相互に可能な範囲で協力し合う関係です。

　家族は、こうしたグループホームの基本理念をきちんと理解した上で、利用者がグループホームでよりよい生活を送るために、グループホームスタッフと連携をとり、個々の家族が事情の許す範囲でどう関わればよいかを考えたいものです。

(2) 入居開始時の信頼関係づくり

　痴呆性高齢者がグループホームへの入居に至るまでの経緯はさまざまであり、それによってグループホームに関する理解度にも差が生じています。入居開始時期には、利用者本人も家族も多様な不安を抱えている場合も多く、入居開始時に相互に情報を提供しあい、話し合うことによって、信頼関係を形成することが重要です。

① スタッフから家族へ、グループホームのしくみ等の十分な説明

　入居開始の段階では、まず、利用者及び家族に対して、グループホームのしくみ等に関する十分な説明を行うことが必要です。その内容は、基本理念、グループホームケアの方針、グループホーム生活の特徴、共同生活の内容（運営規定等）、また、利用者の入居前の生活やケア状況とグループホームでの生活やケアとの違いなどです。

　また、家族に対しては、どのように関わってほしいかについても、具体的にきめ細かな説明が求められます。

さらに、利用者や家族にわかりやすく説明するため、パンフレットを作成したり、入居にあたって家族との面談・見学等の機会を一回のみならず何回かつくったりするなど、工夫が必要です。

② 家族からスタッフへ、生活歴などに関する情報の提供

グループホームのスタッフは、痴呆性高齢者が入居後、生活をともにする共同生活者です。利用者のそれまでの「生活歴」に関する情報は、後の共同生活やケアにおいて重要な示唆を与えるものです。

入居開始時に、利用者の健康状態（在宅・施設等での日常生活状態、既往歴等）、性格・趣味・嗜好、人間関係（家族構成、兄弟姉妹、家族介護者との関わり等）、さらには過去に翻って生活歴（幼少期からの生い立ち、職歴等）などに関する情報をスタッフに提供することが、家族の重要な役割です。こうした情報を得ることにより、スタッフは利用者の心理状態をも理解し、適切な対応が可能になるのです。

こうした家族からの利用者に関する情報は、ケアプラン作成の際にも活用できる貴重なものです。

③ 家族とスタッフとの協働によるケアプランの作成

グループホーム生活においてのケアプランの作成にあたっては、ケアの専門家であり、利用者の共同生活者となるスタッフと、利用者の嗜好や生活歴などをよく理解している家族とが話し合い、協働で行うことが求められます。家族の提供する在宅等の日常生活、介護の状況、介護に対する家族の思いや工夫等は、スタッフにとって貴重な情報となります。また、家族もスタッフに話すことによって、それまでの介護を客観化することができます。在宅の介護経験を通じて、グループホームの生活に対する希望や意見等も述べることができます。話し合った内容は整理して文章化し、家族にも控えを渡し、内容を共有することは大切なことです。

ケアプランの内容は、利用者の生活に適切な対応が行われるよう、利用者の状況に合った、しかも利用者の意に添ったものであることが望まれます。さらに、このような個別的なもののみではなく、在宅では得られなかった仲間とのグループケアの面も加味されることが期待できます。

また、ケアプランは、利用者の状況により、再検討することが必要です。

(3) グループホームのケア・活動への積極的な参加

家族には、ホームにすべておまかせではなく、利用者が満足した生活が送れるよう、グループホームのケアや活動に参加し、スタッフと共同

で利用者を支援していくことが求められます。家族の状況は個々に異なるため、一口に参加と言っても、ホームに出向くことから、訪れなくともホーム便りに感想を述べるなど、それぞれの都合に合わせた幅広い参加のしかたが考えられます。家族には、可能な範囲で、参加の形態を工夫しながら積極的に関わっていく姿勢が期待されます。グループホーム側には、家族が希望するときに、気楽に参加できるようなしくみづくりが求められます。

① 利用者と家族との交流

家族にとって、痴呆性高齢者のグループホームでの生活を知るためにも交流は大切です。また、利用者にとっても、家族と時間を過ごすことは楽しみや安心のひとつの要素となります。グループホームのスタッフは、こうした家族の絆が薄れぬよう配慮し、家族が可能な範囲で関わりを持ち続けられるよう、支援することが大切です。

(a) 訪問

グループホームを訪問することは、家族にとって、痴呆性高齢者のグループホームでの日常生活にふれることができる重要な機会です。また、こうした訪問を通じて、共同生活での家族の知らない一面を知ることもあります。

ほとんどの利用者は家族が訪れると、顔がかがやき、にこやかになるといわれます。このように家族は、痴呆性高齢者の心のケアを担うことができるのです。

グループホーム側は、家族が都合のついた時に気軽に訪問できるよう、曜日や時間を限定せず、いつでも来られるようにしておくのがよいでしょう。家族が母（父）の家を訪問するような感覚で訪問できるような雰囲気を期待したいものです。

(b) 外出

家族と外出することは、痴呆性高齢者の生活に適度な刺激を与え、他に関心を向ける機会となり、心の安定をもたらす場合も多いものです。

このため、手順をふんだ上での家族との外出は自由とし、散歩、買物、ドライブ、自宅近所の祭、親戚・知人宅への訪問、墓参等に出かけられるようにしておくことが求められます。また、通院時や理髪・美容室へでかける際にも、家族が可能であれば同行できるようにすることが必要です。

(c) 外泊

家族との自宅、親戚、旅行等への外泊も自由にできるようにするのが望ましいでしょう。特に盆と正月は何日間か帰省するなど、家族とのふれあいを多くするような配慮が必要です。しかし、この時期、家族の事

情で帰省できない人、また、環境が変ることにより不安定になるなどの理由で帰省できない人のために、グループホーム側の配慮も必要です。

(d) その他

痴呆性高齢者の誕生日、敬老の日、父（母）の日などに手紙を書いたり、電話をしたり、プレゼントをする等の交流を図ることも望ましいことです。

また、時には家族が泊まって入居者と一緒にお風呂に入ったりして交流を深めたり、入居者が身体の具合の悪いとき、付き添ったりすることもよいでしょう。

② 家族どうしの交流

ホームへの訪問や活動への参加を通じて、家族どうしの交流を深めることも期待されます。家族は、同様の悩み・不安やケアへの期待を抱えている場合も多く、こうした交流を通じて家族の痴呆への理解が促進されたり、心がいやされる場合も多いのです。また、家族どうしの連帯感が醸成されることもあると思われます。

こうした、家族どうしの交流の形態としては、以下のようなものが考えられます。

(a) 行事への参加

グループホームで企画される行事、例えば、小旅行、ドライブ、外食、誕生会、四季の行事（お花見、納涼会、お月見、クリスマス等）などに参加し、利用者と共に、家族どうしの交流も深めることができます。

(b) 家族会

家族会は定期的に開催することが望ましいでしょう。内容は、以下のようなものが例としてあげられますが、それぞれのホームで、参加される家族の意見を取り入れて工夫されるとよいでしょう。

・全体的なグループホーム生活についての話し合い
・グループホームの生活を撮ったビデオ鑑賞
・家族同士の交流と情報交換
・介護研修会
・その他

③ グループホームの活動への主体的な参画

利用者や家族どうしの交流だけでなく、グループホームの行事やケアなど、より広くグループホームの活動へも、積極的に家族が参加することが求められます。

しかし、家族のなかには、身内の高齢者のケアをお願いしているからと、グループホームでのケアや活動に希望や意見を述べることを遠慮し

ている人もいます。あるいは、訪問した時、家族として何かを手伝いたいと思っても、どう手出しをしてよいかわからず遠慮してしまうこともあります。

　グループホームのスタッフは、このようなケースを含め、家族に対する受け入れシステムを工夫し、具体的に参加形態を提示することが必要であると思われます。家族の参加形態の例としては、以下のようなものが考えられます。

(a) 家族面談

　ケアプラン作成時はもちろん、できれば定期的にグループホームスタッフとの家族面談を持ち、双方から日常生活及びケアについての意見交換をし、ケアを一緒に考える場にしたいものです。

　グループホームスタッフは、利用者の現状、問題点、将来への予測等を伝え、家族はグループホームでの利用者の様子、心身の変化、病気の進行の度合等も把握し、質問や意見を述べます。

　事情により、面談に参加できない家族に対しては、グループホームスタッフは書面、電話等で高齢者の状況を知らせるなどの工夫も必要です。

(b) 家族介護相談

　家族面談などの機会を利用して、グループホームスタッフは家族の介護相談にも応じることが望ましいでしょう。家族は介護から離れ、改めて在宅介護を振り返り、対応のしかた等を相談します。スタッフには介護者の心理面をも理解した介護技術指導を期待します。こうした相談・技術指導は、痴呆性高齢者の外泊時や、家庭に戻った時の在宅介護の参考になります。

　長期間の在宅介護でゆとりをなくし、不適切な対応で痴呆性高齢者と介護者の間に深い溝ができている家族もいます。相談に関してはケア技術もさることながら、介護者の精神面のサポートも望まれます。介護者が精神的にゆとりができ、今までの在宅介護を見直し、利用者との関係が良好になることが期待できます。

　その他、定期的に行われる家族会等で、スタッフを助言者に、相談会を開催することなども可能です。

(c) グループホーム便り

　グループホームでの日常生活や行事の様子などを掲載した「グループホーム便り」を定期的に発行することも考えられます。個人のお便りコーナーを設け、できれば利用者に一筆書いてもらうことも家族にとってはうれしいことです。遠方の利用者、いろいろな事情で度々の訪問が不可能な家族、家族面談の時間のとれない家族にとって、グループホーム便りは素晴らしい情報源となります。

スタッフにとっては手間のかかることではありますが、あまり肩ひじ張らず、できる範囲で実行してほしいものです。手作りの簡単なものでも、グループホームの個性を活かした工夫された便りが望まれます。

(d) ボランティアスタッフとしての参画

家族は、行事などの機会を捉えて参加するだけでなく、可能であれば、行事の企画などについてアイディアを出したり、何らかの役割を担うなど、ホームに対してより主体的に働きかけをしましょう。

グループホームスタッフも、より積極的にホームの活動に関わりたいと思っている家族に対しては、行事の企画・運営をスタッフと一緒に考えるなど、家族が「参画」できる場を提供することも期待したいものです。

グループホームの生活が、利用者にとっても、スタッフにとっても、家族にとっても、満足と喜びが得られるようなものであることを期待します。

4 地域の資源の利用について

グループホーム自体は地域における高齢者の一つの居住、生活の場です。そしてその生活は同じタイプの生活支援のニーズを持つものが小集団で、共同生活をおくる場でもあります。

グループホームは痴呆性高齢者が身辺介護を中心として専門家のケアを必要とした際に適切な生活環境の中での生活できるソフト、ハードの条件を揃え、その居住の場として用意している機能をもって対応することを基本としています。

ケア単位としてのグループホームの小ささは、事業運営を柔軟にして外部の専門的な機能を上手に利用することを可能としています。医療等を中心とした専門的なサービスに積極的に外部の資源を利用していくことが地域の中でのケアというグループホーム本来の性格をより明確にしていくことにもなるでしょう。

また介護以外の専門的な援助を外部の資源を利用することは一般的に家庭で行なわれていることでありますし、その意味ではグループホームにおける地域資源の利用とは当然の地域におけるケアの機能役割分担の意味だとも考えられましょう。その意味で地域社会の力を利用しその支援を受ける考え方は大切です。

このことはそればかりではなくグループホームの実態を地域の中に公開することにとも通じています。家庭のように小さく、あまり外部から

の目が入りにくいと閉鎖的、独善的な運営になりがちな点をも解消し情報公開的な役割も果たすことにもなります。その意味では地域社会の中での介護の場としてのグループホームの社会的な位置付けと理解の向上に通じるところとなります。

(1) 地域の人材の活用・連携

実際的にも介護の手として、専門の有給のスタッフだけではなくボランタリーなスタッフを得ることがどうしても必要です。

支援者としては利用者の家族、近隣の住民、資格取得のための実習生、体験学習者、グループホームに興味を持つ福祉介護系の学生、一般ボランティアなど様々な性格を持つ人々などが考えられます。

また近隣の医療機関や保健所との医療受診、保健サービス、リハビリステーション、緊急時の救急医療対応、また在宅介護支援センター、訪問看護ステーション、特養、老健施設等の介護保険の事業者、住民組織としての社会福祉協議会などとの連携ネットワークも大切です。

しかしグループホームの日常的な業務は専門的なものばかりでなく事務的な事柄、出前・配達サービス、調理、清掃、機器類の保守点検、移送運転、様々な代行あるいは夜間の体制、警備防犯等にも地域の資源を必要に応じて利用していくことが大切であり、それなしには運営は困難だともいえます。

グループホームは一般的な住宅に通じるわけですから普通に一般家庭で利用する、宅配サービスや出前サービスなども積極的に利用し、限られた介護の手を補完することを心がけるべきでしょう。

もちろん単一母体が複数のグループホームを運営する場合であっても、また大きな施設の併設型であっても同様な考え方で運営は進められる必要があります。

(2) グループホームの立地環境・周辺資源の活用

立地に関する要件
→59頁参照

利用者の日常的な生活活動としては、外出を積極的に可能にするための諸資源を地域の中に確保することが必要です。例としては痴呆の高齢者であっても買い物のできる商店、協力医療機関、また公民館での講座の利用、市民農園、あるいは可能ならばデイサービス・デイケアの利用も昼間の活動の機会として利用をしていく事が望ましいでしょう。

また、痴呆性高齢者のトラブルとして徘徊行く方知れずがありますが、利用者が迷子になってしまったときに情報をホームに提供し、探し出す手助けをしてくれる地域の住民の協力がとても必要です。

そのような理解と協力の雰囲気を常に地域社会の中に醸成していく積極的なグループホームからのアプローチが必要なのです。そのためにも

日ごろからの地域社会、近隣との関係づくりに留意しておかなければなりません。

(3) 新しい権利擁護制度の活用

最近、痴呆性高齢者の権利擁護の問題が法律的にも、地域での日常生活の上でも課題となっています。財産の保全と生活保障としての日常的な金銭管理を含んだケアマネジメントのサポートであるということができます。

具体的には、民法における新しい自立支援の理念を背景にした成年後見制度がその基盤になります。また福祉側の援助として社会福祉協議会を中心としてサービスとして準備される地域福祉権利擁護事業は将来的に地域の中で親族からの後見を得られない判断能力の低下した痴呆性高齢者の権利擁護の体系として機能していくことが期待されています。

地域で生活をしていく上で居所の選択や日常的な生活を継続していくための判断、日常的な生活全般の自立支援を行なうことを役割機能としたこの事業はグループホームの利用、あるいはそこでの生活を継続していく上で痴呆性高齢者の代弁機能としても必要に応じて利用できる制度となることでしょう。

第4章
建築計画と実例

1 立地に関する要件

　痴呆性高齢者グループホームは、その人的単位規模においても、物理的空間規模においても、小規模で家庭に近いスケールです。そのことによるプラス面が前章まで強調されてきましたが、しかし、小規模であるが故の危険にも言及しておかねばなりません。利用者にとっての生活圏域が、小規模なグループホーム内で完結してしまう場合、利用者の生活の質はグループホーム内の人的・物理的環境の質に完全に左右されてしまうおそれがあります。仮にその質が良質でない、あるいは不十分である場合、そこに生活する高齢者にとって逃げ場のないマイナスの状況が生まれます。その意味において、グループホームにとって外部、すなわち地域とのつながりが極めて重要です。この外部地域との関係を良好に確保する上での第一要件は、立地条件に他なりません。また、グループホーム自体の建築的な質にとっても周辺環境を含む立地条件は重要な要素です。

　以下、グループホームの立地に関して、併設施設との関連および都市部と農山村部の違いなどに触れながら述べておきたいと思います。

（1）地域との脈絡

　痴呆性高齢者グループホームは、小規模であるが故に地域とのつながりが強く求められます。グループホームが地域とつながり、地域に開かれているためには、まずグループホーム自体が地域の中に立地していることが前提となります。人里離れた山あいや、住宅のない工場地帯などではグループホームは孤立した施設になりやすく、利用者も地域の中に暮らしているという実感を持てません。

　グループホームと地域との脈略をつなげるためには、家族の自由な訪問が保証されていることは言うまでもありませんが、地域の人々（例えば、乳製品販売や八百屋、移動販売店、訪問理容、郵便配達員など）が様々な形でグループホームに訪ねて来るようにしたり、入居者自身も地域の一員として老人会に参加したり、地域の飲食店やカラオケを訪れたりといった積極的な外出も望まれます。入居者の出奔時における地域

の人々からの連絡等は、こうした日常的な交流の中から自然に生まれてくるのが望ましいでしょう。こうした地域との脈絡は、グループホームが市街地や集落の中に、あるいは隣接して立地している時に無理なく実現するものです。

(2) 母体施設との位置関係

今回新たに定められた「痴呆性老人グループホーム整備費のための実施要綱（案）」の中では、人的なバックアップの可能性等を考慮して、「グループホームは市町村（特別区を含む）あるいは社会福祉法人を設置主体とし、特別養護老人ホーム、老人短期入所施設（在宅複合型施設を含む）およびデイサービスセンターとの併設又は隣接敷地に整備すること」が求められています。

この場合、同一敷地内を意味する併設に関しては、そもそもグループホームの性格・趣旨から言って、母体施設が地域から離れて存在している場合は望ましい立地条件とは言えません。都市部であれ農山村部であれ、居住地域に囲まれたり隣接したりしていれば、建築計画上の工夫で地域とのつながりを意識した計画は可能です。また、隣接敷地に計画する場合ですが、この場合隣接の意味合いの解釈が重要です。敷地境界が直接接するという狭義の解釈に限定する場合、これは併設と実質的にはほとんど差がありません。土地の取得が困難な都市部等で併設施設の敷地に直接は接していなくても、その近傍で土地が手当てできる場合も含めるか否かは、今後のグループホームの普及度に決定的な影響を与えるだろうと思われます。また、すでに述べてきたグループホーム本来の理念から言っても、母体施設の近傍に位置し、そことの連携を保ちながらも周囲を居住地域に囲まれたサテライト型のグループホームは極めて好ましい立地であると言えるでしょう（事例：こもれびの家、いわうちわの里、炉端の家参照）。

(3) 都市部と農山村部

従来都市部では高齢者ケア施設の需要が高いにもかかわらず、敷地取得が難しく、整備が遅れがちでした。その点、痴呆性高齢者グループホームは小規模で敷地も大がかりな面積を要しないため、都市部でも計画しやすい利点があります。既存の母体施設の敷地内や建物の一部を改変して計画することも比較的しやすいのですが、前項で述べたように近傍に母体施設を擁しながら市街地の中にサテライト型で立地するグループホームがより望ましいでしょう。

また、国内事例として掲げた「フレール魚崎中町」「フレール西須磨」のように公的住宅の一フロアにグループホームを計画する手法も今

痴呆性老人グループホーム整備費の概要
→178頁参照

グループホームの類型
→170頁参照

こもれびの家
いわうちわの里
炉端の家
→69〜79頁

フレール魚崎中町
フレール西須磨
→81〜83頁

後大いに検討されるべきでしょう。ただしこの場合望むらくは、グループホームが1階に位置し、たとえ十分とは言えなくとも、庭や畑等の戸外空間に直接アクセスできているとなお良いでしょう。

一方、農山村部においては、敷地は比較的余裕をもって得られやすいのですが、集落から離れずに敷地を確保する課題があります。山間の過疎地においては、集落の中に位置する比較的大きめの空き家を改造あるいは増築して、グループホームとデイサービスとを組み合わせたものを計画する方法も現実的です。

2 規模と形態

(1) 規模計画

痴呆性高齢者グループホームを計画する上で、入居者の日常生活が展開される空間単位とグループの単位規模を小さく抑えることが重要であることはすでに述べた通りです。具体的なグループの単位規模の大きさについては、スウェーデンでは、6～10名、わが国で1997年度から始まった痴呆対応型老人共同生活援助事業、いわゆるグループホーム事業の利用定員枠では5～9名となっています。

いずれも科学的、理論的な裏付けがあって設定された値ではなく、入居者間の相互認識や馴染みを考えた上限値と、死去や退居を考慮しても維持されるグループの継続性やグループホーム内での小グループの成立性を考慮した下限値が経験的に割り出されたものと考えてよいでしょう。しかし、国内の実例としても20名に近い単位規模で極めて良質なケアが実現されているケースもあります。この場合は、痴呆程度の異なる入居者間の適切なバランスと質量ともに十分なマンパワーがその成立を可能にしていると考えられます。

(2) 建築形態

繰り返し述べてきたように痴呆性高齢者グループホームは小規模で家庭的な共同生活の場ですから、住宅を基本に据えて計画したいものです。今日の高齢入居者世代の生活文化を考えに入れると、伝統的木造住宅が最も自然であると思われます（事例：こもれびの家、いわうちわの里、炉端の家参照）。

ところが、従来建築基準法上、特殊建築物として耐火あるいは準耐火建築物であることを求めてきた福祉施設の枠組みの中では、容易にこの条件が満たされにくく、いきおい鉄筋コンクリート造になりやすいのです。グループホームは職員を含めた少人数の家庭的な疑似家族とも呼び得る人々

こもれびの家
→69, 71, 73頁

いわうちわの里
→75頁

炉端の家
→77, 79頁

による共同居住形態であり、従来の建築基準法上の分類からは、寄宿舎に近似しています。建築の形態や規模が家庭に近いことが極めて重要な要素であるゆえに、当該行政管轄の柔軟な対応が求められます。

3 空間構成のあり方

　グループホームの空間構成要素は、各入居者の専有部分（居室）と食堂、台所、居間、浴室、洗濯室等の内部共用空間、さらに畑や作業場など日常的な作業へと誘う外部共用空間、そしてスタッフ用の部屋等です。これらの要素をできうる限り通常の住宅としてのスケールや雰囲気を逸脱しないように組み立てることが肝要になります。

(1) 居室空間

　居室は入居者の生活の拠点であると同時に、身の置き処でもなければなりません。一人部屋を単に計画するのでは不十分であり、入居者が日常的に使っていた家具や想い出深い小物が持ち込まれたり、入り口の扉や窓の開閉、灯の点滅などが、かつての生活で馴染んだ仕方で容易にでき、安心してそこを自分の空間と感じられるようになれる条件を備えていることが肝要です。このような空間としては基本的に個室が適切でしょう。

　次に、これを満たすためのスペースに関してですが、居室内で展開される行為を、起床・睡眠・休息、介護・看護に限定すると概ね11m^2（収納部分を含む）が必要となり、現行の特別養護老人ホームの国庫補助基準面積（1人あたり居室面積10.65m^2）に近い数値となります。ただし、この面積では十分な私物を持ち込むことが難しく、満足のゆく広さが確保されているとは言えません。上述の行為に手洗いを含めた場合、13～14m^2が必要となり、この値を個室に求められる最低基準としたいと思います（1999年3月に改正された「在宅老人福祉対策事業の実施及び推進について」では、収納スペース（押入）等を除き9.9m^2以上、あるいは収納スペース込みで13m^2以上としています）。私物の持ち込みもかなり可能です。各室に洗面が設置されることで、緑を育てたり、簡単な洗濯をしたり、部屋の掃除をしたりと生活に多様性が生まれることも見逃せません。

　また、入居者の状態によってはベッドよりも畳敷きのほうが望ましい場合もあります。トイレについても、専用トイレが必要な場合もあれば、面積の問題を考慮すると複数の入居者でひとつのトイレを共有するのが合理的な場合もあるでしょう。いずれにせよ、生活歴なども考慮して複数タイプの個室を用意しておくことが肝要です。

痴呆性老人グループホームに関する設備及び構造
→180頁参照

例えば、痴呆のレベルや相性を考慮し、全体を二つの居室群にまとめ、それぞれにコミュニケーション扉を介し二室連続としても使える居室を一組ずつ作っておいたりするのも良案でしょう（事例：こもれびの家写真9参照）。

また、居室の独立性と視線介護の可能性を両立させる方法として、居室入口扉にのぞき窓をつけるのではなく、居室の廊下側の壁に書院窓をつけることを提案したいと思います。書院窓の障子の開閉により、入居者はプライバシーあるいは交流に対する欲求を自ら表現できるし、夕刻になると各室に灯が点り、そこに浮かぶシルエットをスタッフは観察することができます（事例：こもれびの家写真11参照）。

こもれびの家
→71頁

こもれびの家
→73頁

(2) 便所

施設においてしばしば見られる一カ所に集合化された便所ではなく、家庭環境に近づけて複数箇所に分散して配置された便所が望ましいでしょう。また、和式便器や小便器がないとトイレと認識できない人もいるので、洋風便器を基本としつつも、和風便器、小便器、また車椅子仕様の便所等も利用者の状態に応じて選択できるようにしておくことが望ましいと思われます（事例：楓＆メイプルリーフ参照）。

楓＆メイプルリーフ
→85, 87頁

(3) 共用空間

① 台所

共用空間の中心的舞台は、台所と食堂です。生活障害を呈する入居者にとって、食事の支度や後片付け等の日常生活行為の再獲得支援は重要なケア内容のひとつです。入居者が自由に食事作りや配膳、後片付けに加われるよう配慮したオープンな台所計画が望まれます（事例：こもれびの家写真7，10参照）。言葉で指示をするよりも、"ペーシング"といってスタッフが一つひとつの作業動作や行為を具体的にやってみせながら入居者がそれを真似て導入する手法を採るため、流しや調理台、配膳台の前のスペースには余裕が必要です。

こもれびの家
→71, 73頁

② 食堂

食堂空間と食卓まわりは家庭的なスケールを逸脱しないように計画し、照明も施設的にならぬよう白熱ペンダント等で暖かい雰囲気を出し、天井直付けの蛍光灯等の使用は控えたほうがよいでしょう。

③ 座敷・小上り

その他の共用空間としては、皆で集まって寛いだり、気の合う人どう

しが腰を下ろして語らったりといった様々な場面展開が可能になるように、大きさや空間の性質の異なるいくつかの場を計画したいものです。ソファや応接セットを置いた居間を計画するよりも、玄関脇に中央に炉を切った座敷を計画したり、浴室近くに畳の小上りを作ったりといったように、高齢者がかつて馴染んだ空間要素を用いる方が有効です（事例：こもれびの家写真4、いわうちわの里参照）。またその場所に腰を下ろした時の建物内外への視線のゆくえや視野の広がりを十分計算に入れた計画をぜひしてほしいと思います。

共用空間から各居室への入り口に入居者にとっての「玄関」に当たる公私空間の切り替えの場を計画し、そこにベンチなどを配することもよいアイデアでしょう（事例：こもれびの家写真12参照）。

④ 浴室等

浴室、脱衣、洗濯場も介助のしやすさを十分考慮しながらも、家庭の雰囲気を損ねないよう計画する必要があります。浴槽は1～2人用の個別浴槽で、木製にできればベストです。

⑤ 洗濯家事室（ユーティリティ）

痴呆性高齢者にとって、洗濯、アイロンや衣服の整理といった日常的家事行為は重要な生活行為要素です。洗濯家事室（ユーティリティ）は単にスタッフにとって使いやすいだけでなく、利用者も参加できるよう計画することが望ましいのですが、そのためには、浴室や台所付近に畳の小上がりを設けるなど、職員が自然に見守れる位置に洗濯家事室を配置する必要があります。

(4) 戸外空間

今ひとつ重要な空間として外部空間があります。痴呆性高齢者にとって、戸外環境は大変重要です。庭は散歩や簡単な農作業を通して体に適度な運動を与えてくれるし、日の光や風は感覚を刺激してくれます。そして何よりも戸外で感じられるのは"自由"です。戸外環境の豊かな糧を彼らが味わうことができるためには、いくつか計画上の配慮が必要です（事例：こもれびの家写真2、3参照）。

まず、身体機能も低下した入居者でも支障なく戸外に出られるよう、出入口の段差の解消をはかる必要があります。すでにふれたとおり、エレベーターなどを介して移動しなくてすむように、グループホームは1階に計画されるのが本来望ましいのです。

花だけではなく、食べられる果実のなる灌木や樹木。椅子や車椅子に座った高さで手入れができるよう地表から60～70cm 立ちあげられた花

こもれびの家
いわうちわの里
→71，75頁

こもれびの家
→73頁

こもれびの家
→69頁

炉端の家
→77頁

いわうちわの里
→75頁

壇。そして、天気の良い日には食事をしたり、お茶を楽しめる屋外用のテーブルや椅子がほしいところです。植栽や美しい木製の柵でさりげなく周囲を囲っておけば、戸内からの出入りのドアをロックしておく必要はありません（事例：炉端の家写真2参照）。井戸や畑、作業小屋など日常的な作業へと誘う様々な仕掛けも有効です（事例：いわうちわの里参照）。

（5）職員室

　グループホームではケアの中心は共用空間であり、職員が長時間職員室にいることは少ないでしょう。入居者を監視するカウンターのような構えや、訪問者を窓口で対応するような造りは避け、自然な視線介護が可能な位置、開口の取り方等に配慮する必要があります。

4　計画上のポイント

（1）記憶へのつながり

　痴呆性高齢者に共通した症状のひとつは記憶障害ですが、その一方で、記憶は彼らの残存能力を活性化させる上での手がかりでもあります。瞬時や短期の記憶は全く失われてしまっても、長期にさかのぼった記憶は、部分的にではあれしばしば明瞭に残されているのです。

　こうした状態の高齢者に対し、質問によっていちいち記憶を試したりすることはストレスを倍加させ、全くの逆効果である場合が多くあります。思考の代わりに生活習慣や身体の動きとして深く刻み込まれた記憶、たとえば古い記憶にとどめられた物や色、形、音楽などを用いて、その記憶を呼び覚ますことが効果的です。その意味では、居室空間においても共用空間においても、高齢者たちが活発であった青・壮年期に流行した家具やインテリア、世代文化を反映した絵や写真、道具などが、その仕掛けとして有効です。個々人にとっては"アタッチメント"と呼ばれる、その人にとって特に愛着のある物や事柄（音楽やニオイの場合もある）を探り出し、個人の居室空間をマークしたり、一日の活動プログラムの内容として盛り込んだりする工夫も大切です。

　具体的には、障子、襖、縁側、囲炉裏といった、高齢者がかつて馴染んだ生活空間の他にも、壁紙の選び方、仕上材料やディティール、色調、カーテンや織物、照明器具、生活用品や小道具、家具に至るまで、彼らの記憶を呼び覚まし連想を広げてゆく手がかりとなるものは限りなくあります。こうしたものの一つが突然ある記憶を呼び覚まし、部分的ではあれ、まともな会話の糸口になったり、感情を動かすきっかけになるこ

こもれびの家
→69,71,73頁

いわうちわの里
→75頁

楓&メイプルリーフ
→85,87頁

とはしばしばあります。こうした環境の中では、スタッフが彼らの相手をしやすくなる点も見逃せない側面です（事例：こもれびの家、いわうちわの里、楓&メイプルリーフ参照）。

(2) 生活行為の手がかりとしての空間

　住まいは生活行為の舞台であり、生活展開のしつらえをさまざまに内包しています。しかし、従来の一般的な高齢者施設においては、そうした生活展開のためのしつらえは乏しく、鉄筋コンクリートの単調で無機質な空間である場合が多いのです。痴呆性高齢者は、頭の中で想定したり、応用したり、臨機応変に行為を行なうことができません。従って、空間の貧しさがそのまま行動の貧しさに直結しやすいのです。例えば、廊下の行き止まりで排尿してしまったり、ベッドからマットを引きずり下ろしたりといった、いわゆる問題行動として捉えられがちな行動も、その痴呆性高齢者に染みついたある種の空間感覚をもとに環境に反応していると理解すべきでしょう。

　私達が日常行なっている生活行為（例えば、食事、就寝、排泄）には手続き性があります。食事をする時、我々はいきなり目の前の素材に手を伸ばし口に放り込んだりはしません。手順に従って調理し器に盛り、食卓に並べ、感謝し、箸を使って口に運び、食べ終わって余韻を楽しみます。痴呆性高齢者の場合、そうした手続き性が次第に抜け落ちていく傾向があります。

　この際、空間の中のしかけや、かつて馴染んだ道具が生活行為の手続き性を回復してゆく上での手がかりになります。特に日本の伝統的住まいには、空間の作法という文化があり、上り框や床の間、座敷と襖の開閉、縁側や手水、囲炉裏等、独特の生活行為と様式的にきっちり対応した空間の仕掛けが数多く存在します。こうした要素をグループホームの公私の空間に豊かに生かすことにより、入居者にとって消えてしまっていた行為や動作へと誘導することが可能になります。無気力で消極的になってしまっている痴呆性高齢者を、指示や命令によってではなく、ある生活行為に導いてゆくためにも、こうした生活空間の中の仕掛けが手がかりになるでしょう。

(3) 五感に働きかける空間

　痴呆性高齢者の残存能力を刺激し活性化するうえで、空間がはらんだ光や色、自然から来る音や音楽、ほほをなでる風の感触やニオイなど、人間の五感に働きかける空間からの刺激が有効です。

可視性
→105, 132, 141, 142, 144頁参照

① 視覚

記憶障害の伴う痴呆性高齢者は、終えたばかりの行為を忘れてしまいます。例えば食事の後すぐに下膳してしまえば、食事をしたこと自体を忘れてしまうことがありますが、膳が目の前にしばらく残されていればどうでしょうか。排泄に関しても、トイレの存在が身近な生活空間の中に自分が認識できる形で見えていれば、そこに行く行為を誘発してくれるでしょう。また、四季折々の自然に接する場を施設環境のなかに豊かに作ることによって、例えば色づく木の葉から秋を感じとったり、草花のほころびに春の訪れを感じたりすることができます。ビジビリティ（可視性）のある空間づくりが求められます。

② 聴覚

残響時間や不快な騒音、雑音の除去が配慮され、音環境が心地よく調整された空間に、懐かしいメロディーや楽しい話し声、小動物の鳴き声などがひびけば、痴呆性高齢者も足を止め、耳を傾け、感覚が呼び覚まされ、そこから人と、あるいは動物とのコミュニケーションへと導かれやすくなるでしょう。

③ 嗅覚

季節の行事に特有のニオイや、生活行為や過去の職業と結びついたニオイ、自然からくるニオイなど、ニオイも人の感覚を強く呼び覚ます仕掛けのひとつです。食事作りやアイロンがけ、庭仕事や散歩といった場面づくりの副次的効果が予想以上に食欲や意欲を刺激し、効果を上げることがあります。排泄臭を空間から極力除去することを設備計画も含めてまず追求したうえで、意識的にこうした生活のニオイを経験する場面を盛り込むことが望ましいでしょう。この点、地上と直接接しているグループホームは有利です。

④ 触覚

痛みや冷熱に対する感覚の鈍化により、低温ヤケドやケガなどしやすくなるので、そうした危険にまず留意する必要があります。しかし他方、リンゴやジャガイモの皮むきや落ち葉かき、といった指先や手先の感触を刺激することは大変重要なことでもあります。昔ながらの天然素材を用いた道具を使いながらの作業も、有効なリハビリテーションとなりえます。

第4章 建築計画と実例 69

こも
Komo
Nator

建築概要
名称

所在地
設計指
設計監
施工
定員
敷地面
延床面
構造階
工期

②床面のテクスチャーを大切にした
中庭のボードウォーク

③四季の変化を感じさせる中庭

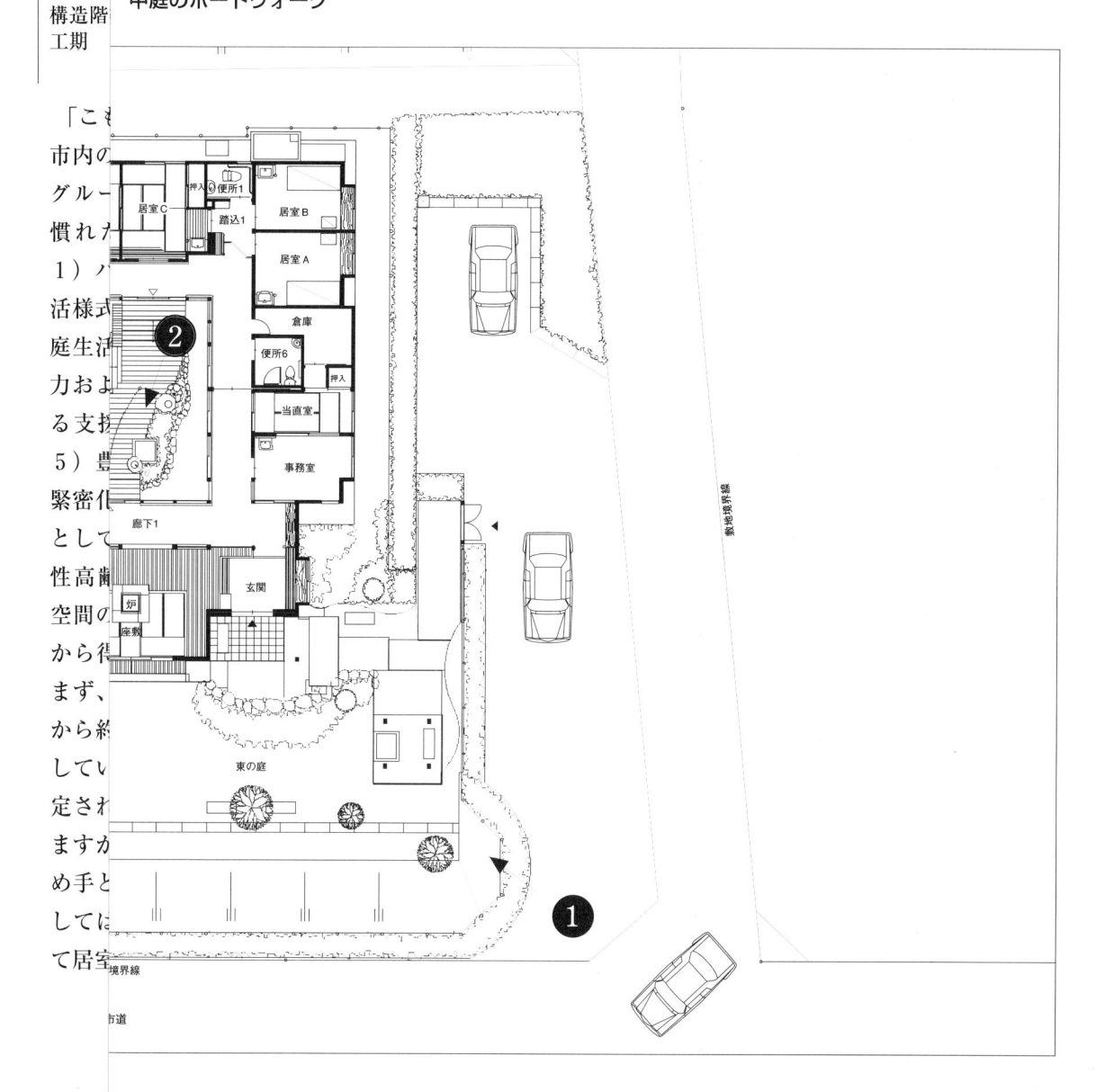

「こも
市内の
グルー
慣れた
1）バ
活様式
庭生活
力およ
る支援
5）豊
緊密化
として
性高齢
空間の
から得
まず、
から終
してい
定され
ますが
め手と
しては
て居室

第 4 章 建築計画と実例 71

こもれ
Komoreb
Natori, M

しかし、
や壁で完
感覚を失
るぐる回
位感覚を
れに連続
窓を介し
観と結び
敷の中央
挟んだ中
収まり、
室 7 で構
ですが、
て使えるのデザイン
しています
ア用に確
性を考慮
す。また、
た南側の
りできる
ケアのま
を絞りま
つ絵柄を
でした。
入った書
り、入居
現できる
浮かぶシ
ます。

⑥背中に中澤家が見える

⑦食事作りに誘うオープンキッチン

⑧少人数で利用する畳の小上がり

⑨続き間の施設らしくない光景

第4章 建築計画と実例   73

こもれび
Komorebi no ...
Natori, Miya...

　また、入居...
の切り替えの...
み込みを演出...
した囲炉裏を...
の中心的舞台...
浴後の休憩や...
る小さな共用...
衣、洗濯室等...
居室ごとに計...
間ですが、全...
また、機能上...
をつけた和便...
便所等も試み...
として外部空...
道の枕木の廃...
部分に敷き込...
面高が確保で...
を発する手水...
ンパーティー...
庭には井戸や...
と誘う様々な...
空調設備に関...
いますが、玄...
分けられてお...
留意していま...
は、使われ方...
設後、半年余...
を認識しはじ...
に使いこなし...
定着しつつあ...

（平面図: 便所1、居室B、踏込、居室A、⑫、倉庫、便所6、押入、当直室、事務室、玄関）

⑩ごはんの支度で昔の生活を思い出す

⑬個室の暮らしを始めて
　他人の目を意識しはじめたAさん

第4章 建築計画と実例　77

炉端の家
Robata no-ie
Kasaoka, Okayama

建築概要
名称　　　グループホ
所在地　　岡山県笠岡
設計指導　外山　義
設計　　　(株)劔持黎
監理　　　笠岡市建設
施工　　　建築/(株)
定員　　　8名
敷地面積　600㎡
建築面積　303㎡
構造階数　木造平屋建
工期　　　1995年12月

　痴呆性高齢者グル
型痴呆性高齢者8名
59年) に全国初の痴
者ケア介護の実績を
に関する問題意識と
馴染む形態として結
立地条件
　「炉端の家」は母
いった土地の高齢者
ゲートボール場、学
います。山茶花の生
ほか、入所者たちの
あります。
計画上の留意点
　グループホーム
ループホームは、小
形態です。痴呆とい
専門のケアスタッフ
は基本的に以下の要
　まず第一は、一人
そして第二は、ケア
生活する仲間という
第一の個室要件を満
押入を持った8つの

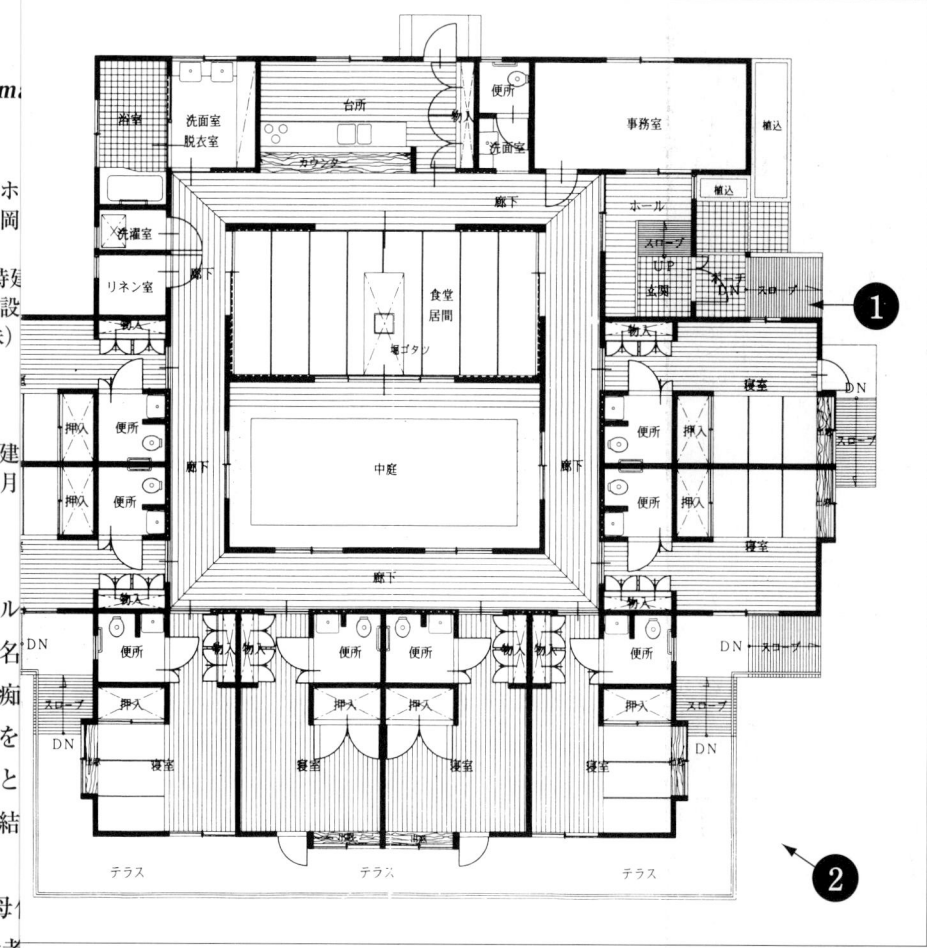

②山茶花の生け垣に囲まれた前庭

第 4 章 建築計画と実例　75

いわうち
Iwauchiwa no-s
Unazuki, Toyan

建築概要
名称　　　いわう
所在地　　富山県
設計指導　外山
設計管理　（株）公
施工　　　（株）桜
定員　　　8 名
敷地面積　17374m
延床面積　389.61m
構造階数　木造平
工期　　　1999年
備考　　　特別養

　いわうちわの
奈月の敷地内に
です。1994年夏
高齢化および同
として現在工事
予定です。

　空間構成とし
く、両翼型片側
らはうす宇奈月
デンティティー
室から視野に収

　台所や食堂、
に挟みながら、
り構成されてい
いも設置されて
畳の小上がりが
との議論の結果
また、それぞれ
ドア）を介して
ます。

　その他、居室
縁や座敷奥に計
住文化を随所に

　また、道具小
おける生活展開

第4章 建築計画と実例　79

炉端の家
Robata no-ie
Kasaoka, Okayama

　個室は入所者として
型痴呆高齢者の特性（
比較的高い）と対象者
考慮に入れ、8室のう
しました。畳は床上4
は板の間として自由に
持ち込めるようになっ
外し可能のものを考え
となっています。また
主入口と、テラス等を
両方を有しています。
かつての木造住宅の横
が用いられています。
場としては、中央に掘
兼食堂が、このグルー
心的舞台です。入所者
事作りに参加できるオ
側を介し芝生の中庭に
中庭以外に自由に出る
垣に囲まれた庭が建物
がっていますが、こう
畑作業、焚き火などと
た共同生活的療養の舞
です。

⑥だんらんの場に直面して配置された流しと調理台

③個室の板の間部分

⑦掘り炬燵を囲むだんらん

第 4 章 建築計画と実例

フレール魚崎中[町]
Frères
Uozakinakamachi
Kobe, Hyogo

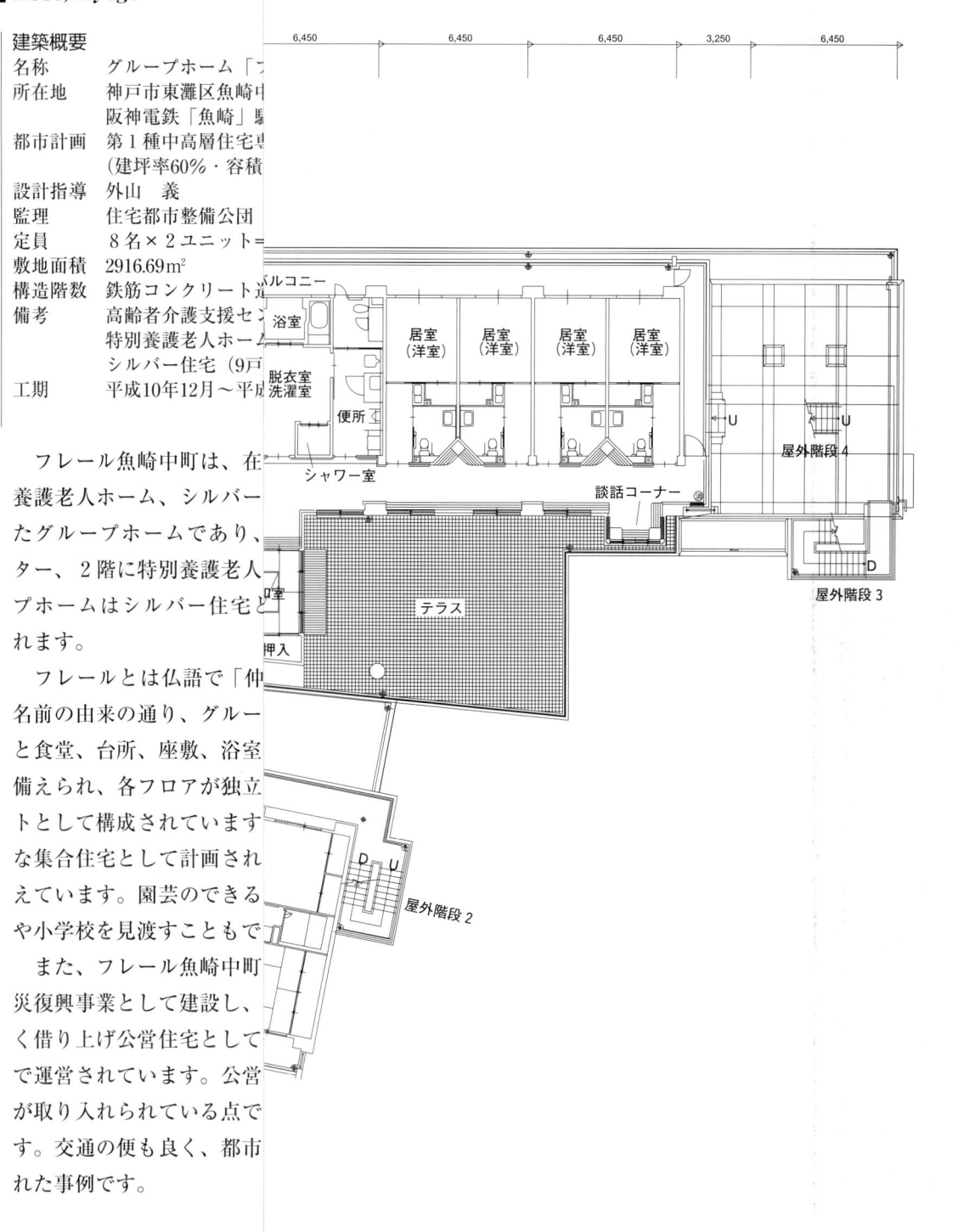

建築概要
名称　　グループホーム「フ[レール魚崎中町]
所在地　神戸市東灘区魚崎中[町]
　　　　阪神電鉄「魚崎」駅
都市計画　第1種中高層住宅専[用地域]
　　　　（建坪率60％・容積[率200％]）
設計指導　外山　義
監理　　住宅都市整備公団
定員　　8名×2ユニット＝[16名]
敷地面積　2916.69m²
構造階数　鉄筋コンクリート造
備考　　高齢者介護支援セン[ター]
　　　　特別養護老人ホーム
　　　　シルバー住宅（9戸）
工期　　平成10年12月～平成[12年]

　フレール魚崎中町は、在[宅介護支援センター、特別]養護老人ホーム、シルバー[住宅と併設され]たグループホームであり、[1階に高齢者介護支援セン]ター、2階に特別養護老人[ホーム、3階にグルー]プホームはシルバー住宅と[同じ3階に設けら]れます。

　フレールとは仏語で「仲[間」を意味し、その]名前の由来の通り、グルー[プホームには居間]と食堂、台所、座敷、浴室[やトイレなどが]備えられ、各フロアが独立[した生活ユニッ]トとして構成されています[。全体として大き]な集合住宅として計画され[、バリアフリーも備]えています。園芸のできる[テラスからは公園]や小学校を見渡すこともで[きます。]

　また、フレール魚崎中町[は、阪神・淡路大]災復興事業として建設し、[神戸市が期限付]く借り上げ公営住宅として[、社会福祉法人]で運営されています。公営[住宅に民間の活力]が取り入れられている点で[も先駆的な事例で]す。交通の便も良く、都市[型に計画さ]れた事例です。

フレール西須磨
Frères Nishisuma
Kobe, Hyogo

建築概要
名称　　　グループホーム「フレ
所在地　　神戸市須磨区離宮西町
　　　　　山陽電鉄「月見山」駅
都市計画　第2種中高層住宅専用
　　　　　（建坪率60％・容積率2
設計指導　外山　義
監理　　　住宅都市整備公団
定員　　　6名×2ユニット=12
敷地面積　2145.16m²
構造階数　鉄筋コンクリート造4
備考　　　高齢者介護支援センタ
　　　　　特別養護老人ホーム（
　　　　　シルバー住宅（9戸）
工期　　　平成10年12月〜平成12

　フレール西須磨は、在宅介
と複合的に計画されたグルー
ター、2階、3階の特別養護
にグループホーム2ユニットが
台所、座敷、浴室、その他の
ホームです。

　フレール魚崎中町と同様、
が公営住宅法に基づく借り上
ます。入居予定者は仮設住宅
変化を少なくするために、仮
トイレへ移動しやすくするた
震壁以外）は乾式工法とし、
されています。バルコニーか
ない他、洗濯物を干したり、
あります。

　台所の調理台については、
配膳を主体として計画されて
扉の設置や鍵等はできる限り
の小上りを設け、さまざまな
ています。

　この他、3、4階の眺望を
図っています。脱衣室の床の
ように藁簀にする等の工夫が

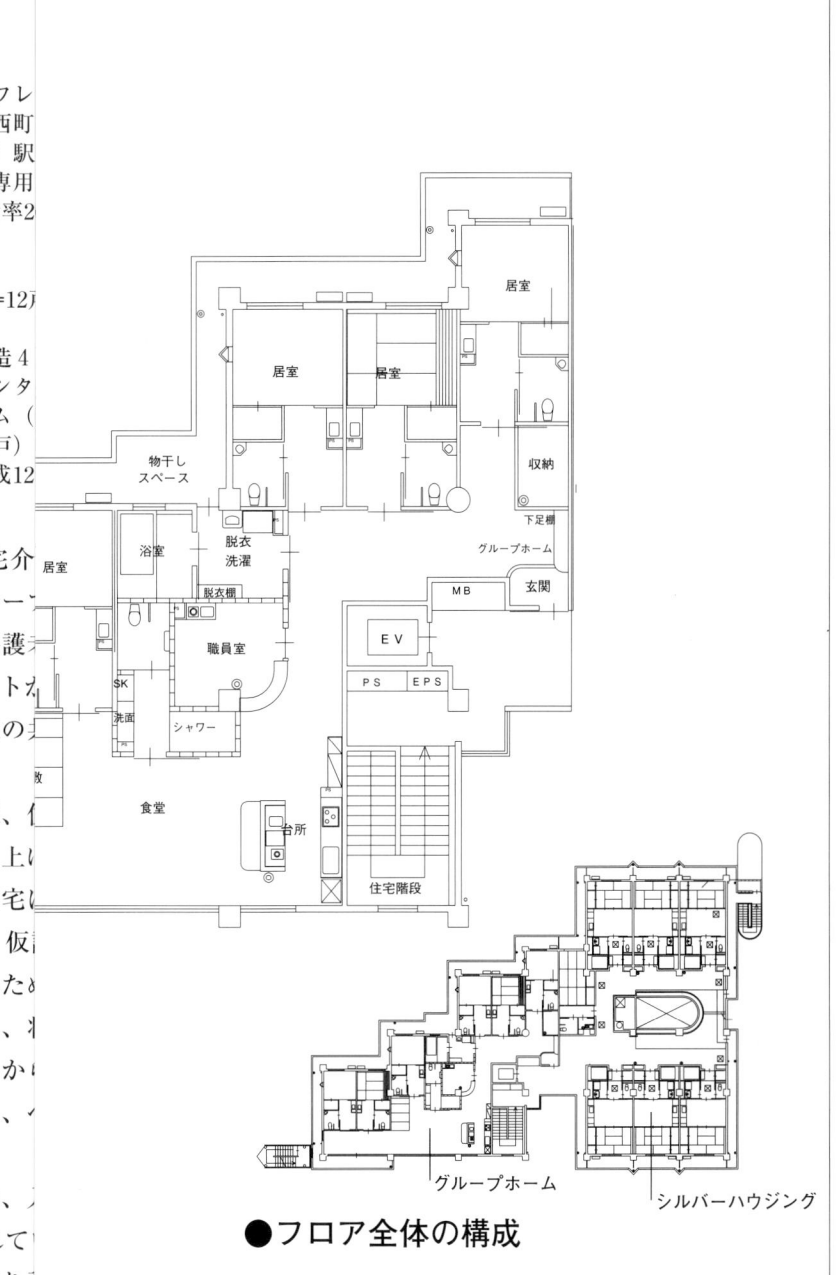

●フロア全体の構成

楓&メイプルリーフ
Kaede & Maple Leaf
Nara City, Nara

建築概要
名称	グループホーム「楓」＆「
所在地	奈良市神功4丁目25番9号
	近鉄「高の原」駅下車バス
都市計画	近隣商業地域
	（建坪率80％・容積率200％
	準防火地域
	第2種高度地区
設計指導	外山　義
設計監理	永野建築設計事務所
定員	9名×2＝合計18名
敷地面積	1301.05m²
建築面積	906.42m²
延床面積	1階デイサービスセンター
	2階グループホーム：774.2
構造階数	鉄筋コンクリート造2階建
備考	デイサービスセンターB型

　グループホーム「楓」、グルー
痴呆性グループホーム2ユニッ
イサービスセンターに併設されて
地に位置するため、周辺には公団
なニュータウンの一角です。今後
予想されますが、その対策として
性グループホームが計画されまし
事例です。

　ニュータウンに計画されたこの
としての住様式への対応がテー
プホーム対象世代が和式を主体と
こうした郊外住宅地に住む人々は
してきた人々ではありません。
人々も多いはずであり、この世代
時期を想定すると、従来の和式の
と呼んでいる）の住様式も選択で

　こうした理由から、ツイン式の
方には「和」の住様式を導入し、
を可能な限り、継続できるよう配
「楓」、「メイプルリーフ」と、和と
のもこのためである。

ならのは倶楽部）

介助浴室　脱衣室　脱衣室　浴室
脱衣室　浴室
濯・乾燥室
車椅子用便所　誘導便所
茶室　和室　デイケアルーム
水屋　坪庭
EV
玄関
事務室
配膳室　食堂
カウンター

歩行者専用道路

第 4 章 建築計画と実例　87

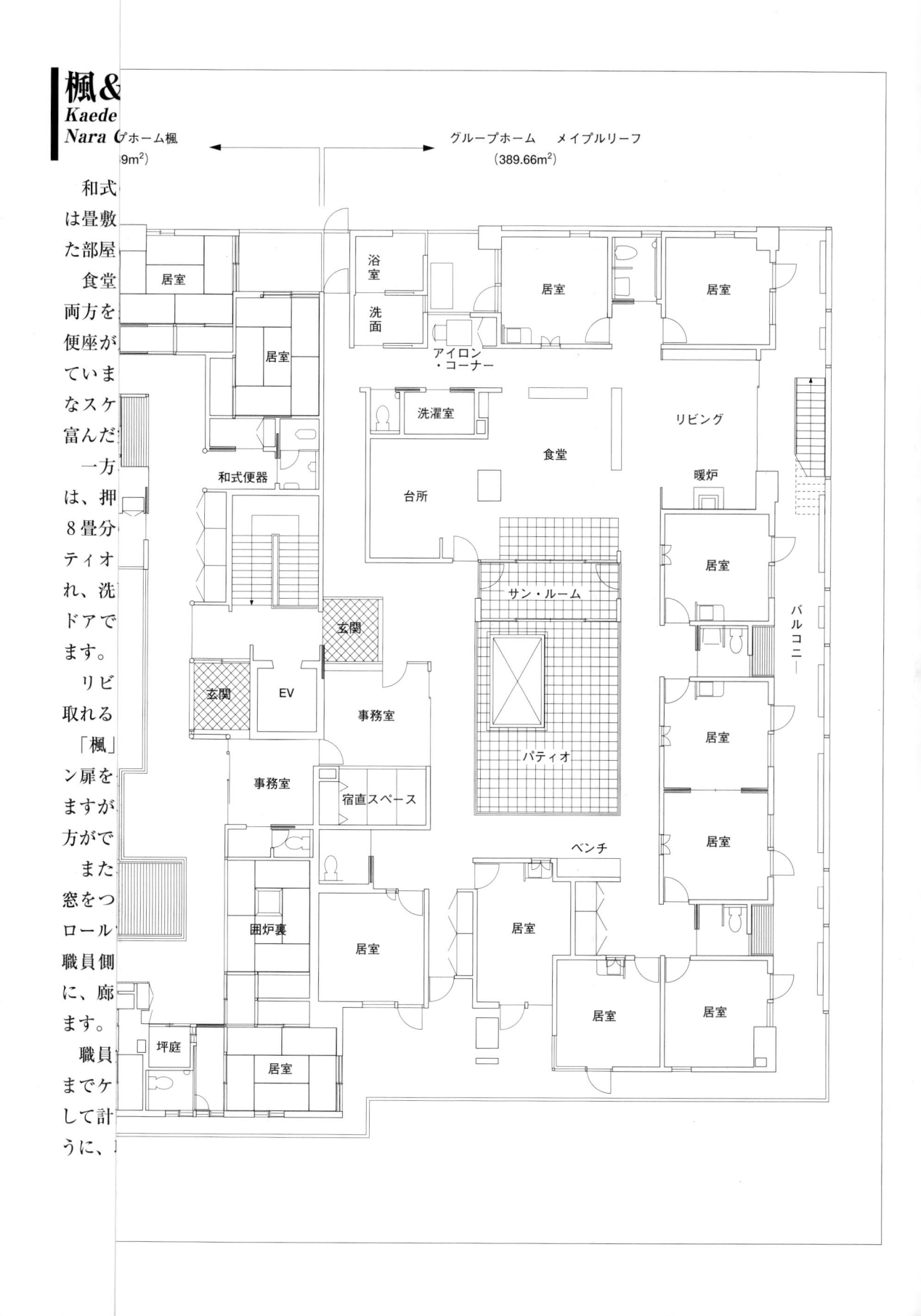

楓&
Kaede
Nara ｸﾞホーム楓　　　　　　　　　　　グループホーム　メイプルリーフ
　　　（9m²)　　　　　　　　　　　　　　　（389.66m²）

和式
は畳敷
た部屋
　食堂
両方を
便座が
ていま
なスケ
富んだ
　一方
は、押
8畳分
ティオ
れ、洗
ドアで
ます。
　リビ
取れる
「楓」
ン扉を
ますが
方がで
　また
窓をつ
ロール
職員側
に、廊
ます。
　職員
までケ
して計
うに、

居室／浴室／洗面／居室／居室／アイロン・コーナー／居室／洗濯室／和式便器／食堂／台所／リビング／暖炉／玄関／玄関／EV／事務室／サン・ルーム／居室／バルコニー／事務室／宿直スペース／パティオ／居室／ベンチ／居室／居室／囲炉裏／居室／居室／居室／坪庭／居室

5 既存建築物転用の場合の留意点

(1) 既存住宅の転用

　既存家屋を転用するケースでは、従前の住宅がかなり大規模である場合を除いて、修築のみならず増築を必要とする場合が多くあります。また二階に居室を確保する必要がある場合も多いでしょう。この場合、従前の住宅は介護のことを考えたうえで設計されていない場合が多いので、介護負担を軽減し、痴呆性高齢者自身も暮らしやすく改修する必要があります（事例：(仮) 喜楽苑グループホーム参照）。

　手すりを付ける、車椅子対策、出入りへの安全策、トイレを複数配置する、浴室を広くするといった介護しやすくするための改修や、出入りや階段等の安全対策を行うことは大切ですが、もとの住宅の家庭的雰囲気を壊さないように配慮したいものです。この他、庭などの屋外空間に出られるようにして、四季を感じられるようにしたり、残された能力を維持するために痴呆性高齢者が以前から好んで行ってきた活動を思い思いのペースで継続できるように大きさの異なる共用空間を複数用意する工夫などが求められます。

(仮) 喜楽苑グループホーム
→91頁

第4章 建築計画と実例

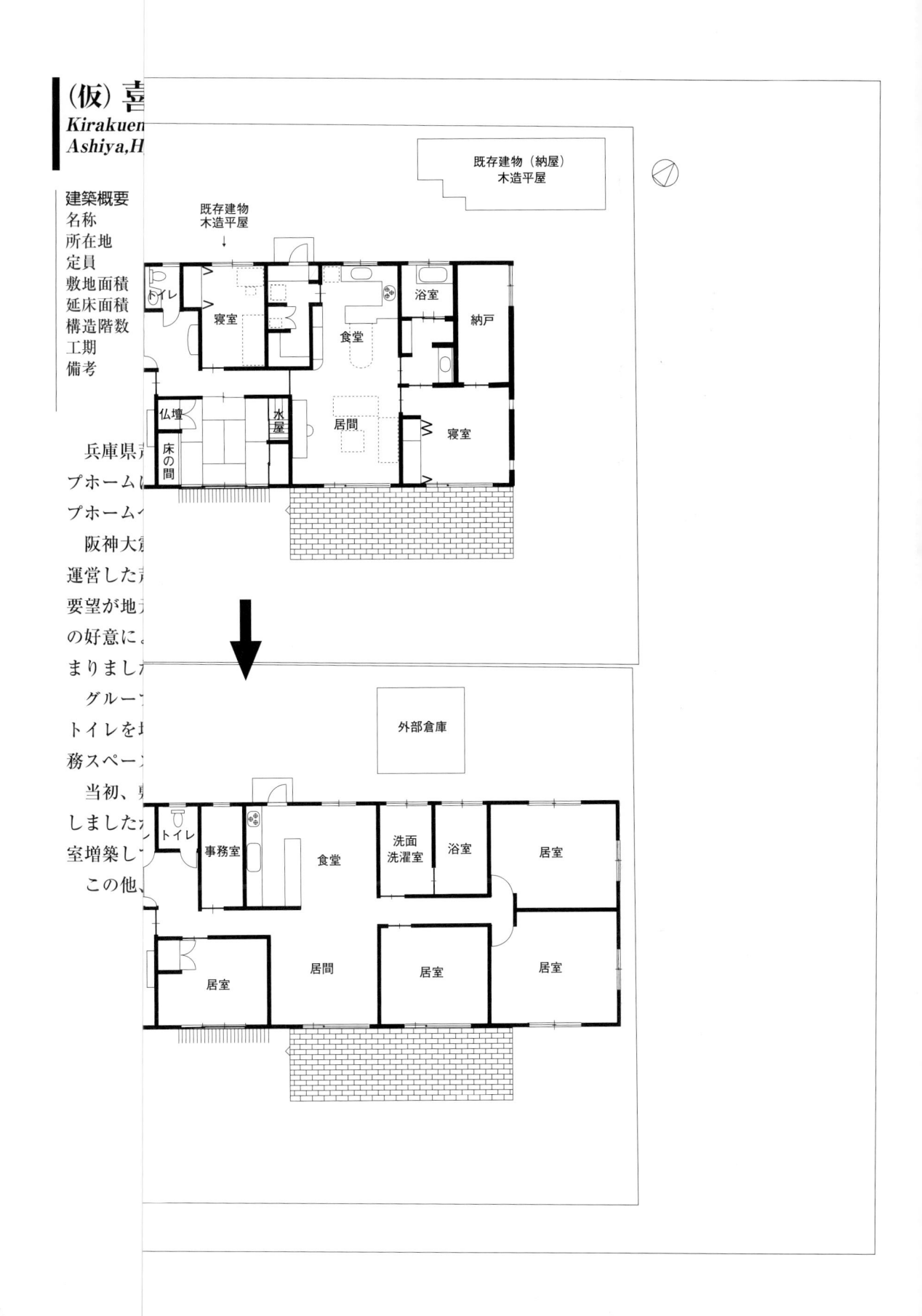

(仮)喜*
Kirakuen
Ashiya,H

建築概要
名称
所在地
定員
敷地面積
延床面積
構造階数
工期
備考

兵庫県
プホーム
プホーム

阪神大
運営した
要望が地
の好意に
まりまし

グルー
トイレを
務スペー

当初、
しました
室増築し

この他、

既存建物（納屋）
木造平屋

既存建物
木造平屋

トイレ　寝室　食堂　浴室　納戸
仏壇　床の間　水屋　居間　寝室

外部倉庫

トイレ　事務室　食堂　洗面洗濯室　浴室　居室
居室　居間　居室　居室

(2) 用途変更を含む既存建築物の転用

グループホームしせい
→95頁

ここでは、事例としては母体施設内診療所を改築転用したケースを紹介しますが（事例：グループホームしせい参照）、この他、集合住宅、学校等、様々な地域の既存施設の再利用があり得ます。条件さえ整えば、事務所建築や商業施設等の再生も考えられますが、前に述べた計画上の諸条件を十分に考慮し、大幅な改築改修を行う必要があります。特に共用空間については、高齢者の生活文化からかけ離れたしつらえにならないよう配慮し、一カ所に大規模な空間としてまとめるのではなく、数人の高齢者が自発的に利用できる規模の空間を複数用意する必要があります。

第4章 建築計画と実例

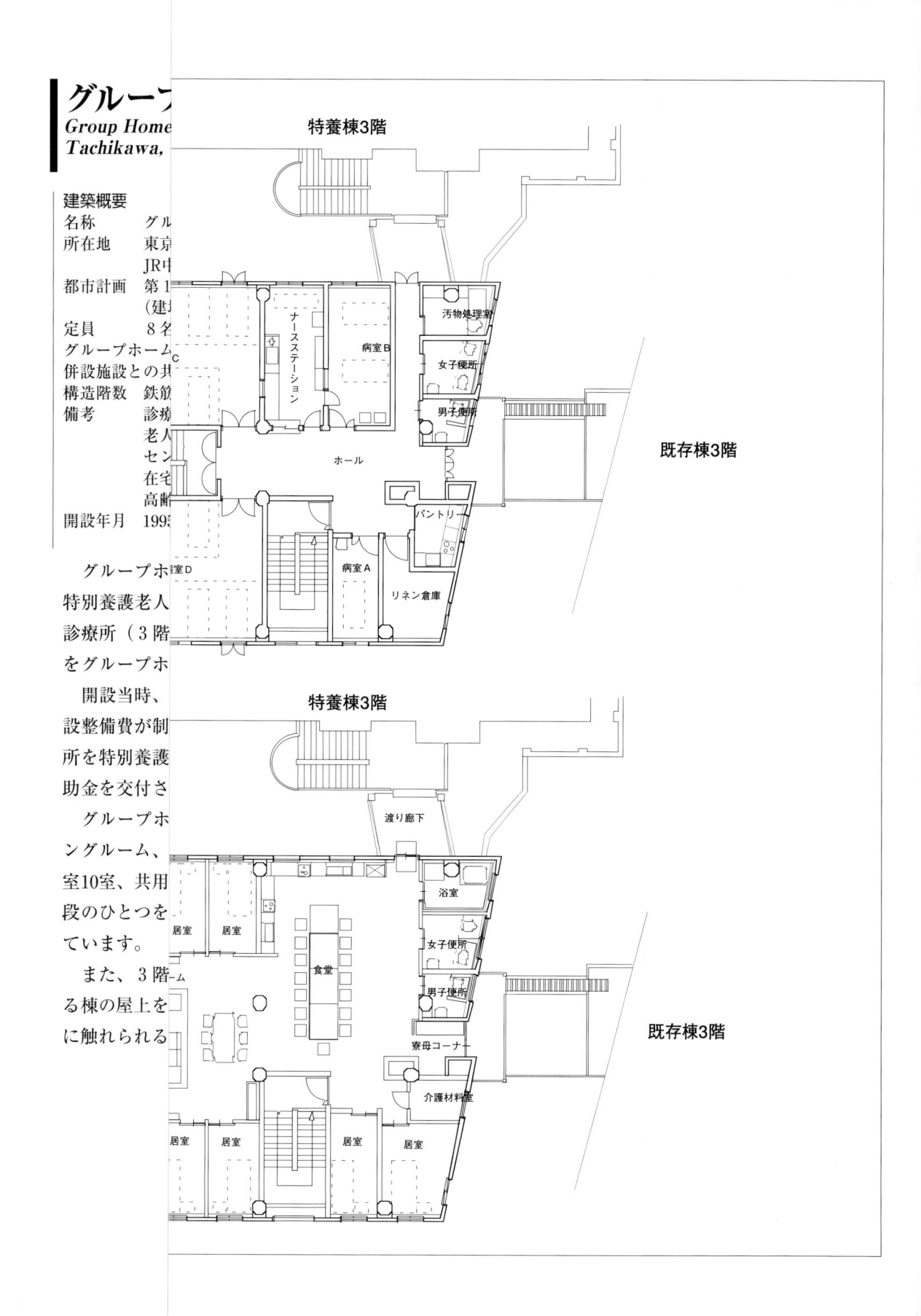

グルー...
Group Home
Tachikawa,

建築概要
名称　　グル...
所在地　東京...
　　　　JR中...
都市計画　第1...
　　　　（建...
定員　　8名
グループホーム...
併設施設との共...
構造階数　鉄筋...
備考　　診療...
　　　　老人...
　　　　セン...
　　　　在宅...
　　　　高齢...
開設年月　1993...

　グループホ...室D
特別養護老人...
診療所（3階...
をグループホ...

　開設当時、
設整備費が制...
所を特別養護...
助金を交付さ...

　グループホ...
ングルーム、
室10室、共用...
段のひとつを...
ています。

　また、3階...ム
る棟の屋上を...
に触れられる...

特養棟3階

ナースステーション
病室B
汚物処理室
女子便所
男子便所
既存棟3階
ホール
パントリー
居室D
病室A
リネン倉庫

特養棟3階

渡り廊下

浴室
居室　居室
女子便所
食堂
男子便所
既存棟3階
寮母コーナー
介護材料室
居室　居室　居室　居室

(3) 既存の医療福祉施設のユニット化

現在のところ既存の医療福祉施設を改修し、ユニット化した事例がわが国に現れていないため、小規模処遇を取り入れて新設された特別養護老人ホーム、老人保健施設の事例を紹介しますが（事例：ケアタウンたかのす、至誠キートスホーム参照）、北欧ではすでに多くの医療福祉施設がユニット化され、小規模処遇ができるよう改修されています（事例：長期療養病棟を改築したグループホーム参照）。今後、わが国の特別養護老人ホーム、老人保健施設等の医療福祉建築についても、本章で掲げた建築計画上の留意点に配慮しつつ小規模処遇を導入していくことが望ましいと思われます。

ケアタウンたかのす
→99, 101頁

至誠キートスホーム
→103頁

長期療養病棟を改築したグループホーム
→105頁

第4章 建築計画と実例

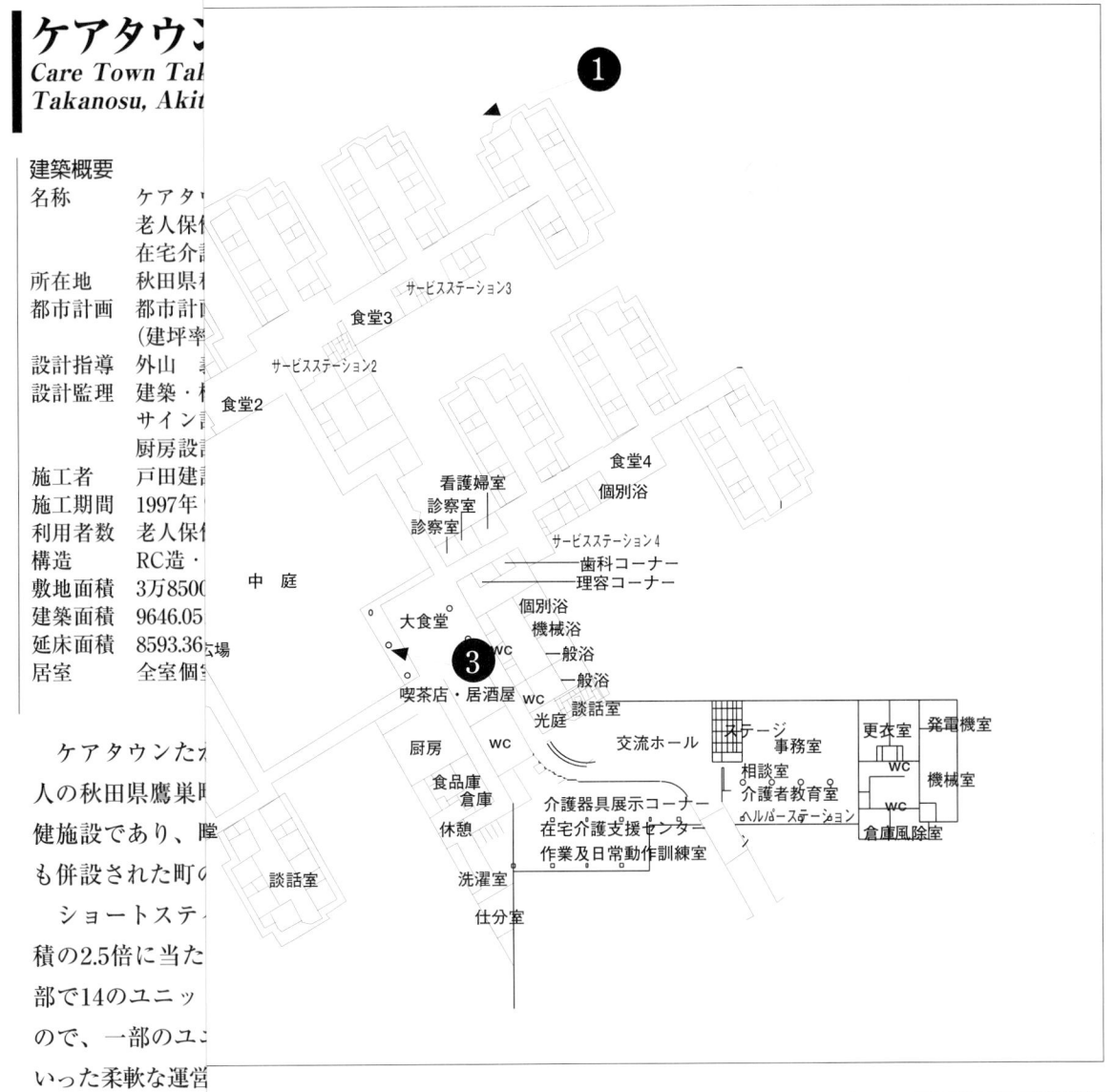

ケアタウン
Care Town Tak
Takanosu, Akit

建築概要
名称　　　　ケアタ
　　　　　　老人保
　　　　　　在宅介
所在地　　　秋田県
都市計画　　都市計
　　　　　　（建坪率
設計指導　　外山
設計監理　　建築・
　　　　　　サイン
　　　　　　厨房設
施工者　　　戸田建
施工期間　　1997年
利用者数　　老人保
構造　　　　RC造・
敷地面積　　3万8500
建築面積　　9646.05
延床面積　　8593.36
居室　　　　全室個

ケアタウンた
人の秋田県鷹巣
健施設であり、隣
も併設された町の

ショートステ
積の2.5倍に当た
部で14のユニッ
ので、一部のユ
いった柔軟な運営

建物中央に位置
けられています。
ため、平面的な広
なっています。ま
一般的にターミ
ん。こうした高齢
季節の移り変わり

また、施設内の
しくないやわらか
くらい柔らかい
い試みが取り入れ

（平面図：食堂3、サービスステーション3、食堂2、サービスステーション2、看護婦室、食堂4、個別浴、診察室、サービスステーション4、歯科コーナー、理容コーナー、中庭、大食堂、個別浴、機械浴、一般浴、一般浴、喫茶店・居酒屋、光庭、談話室、厨房、WC、ステージ、更衣室、発電機室、食品庫・倉庫、交流ホール、事務室、機械室、休憩、相談室、介護者教育室、WC、介護器具展示コーナー、在宅介護支援センター、ヘルパーステーション、倉庫風除室、作業及日常動作訓練室、談話室、洗濯室、仕分室）

つのユニットに対して一つずつ中食堂が用意
れている。職員専用の食堂はなく、利用者と
に食事を取る

③中央の大食堂から中庭の「語らい広場」が見え
ます。中庭の廊下からはどこでもピラミッ
ドが望める

第 4 章 建築計画と実例

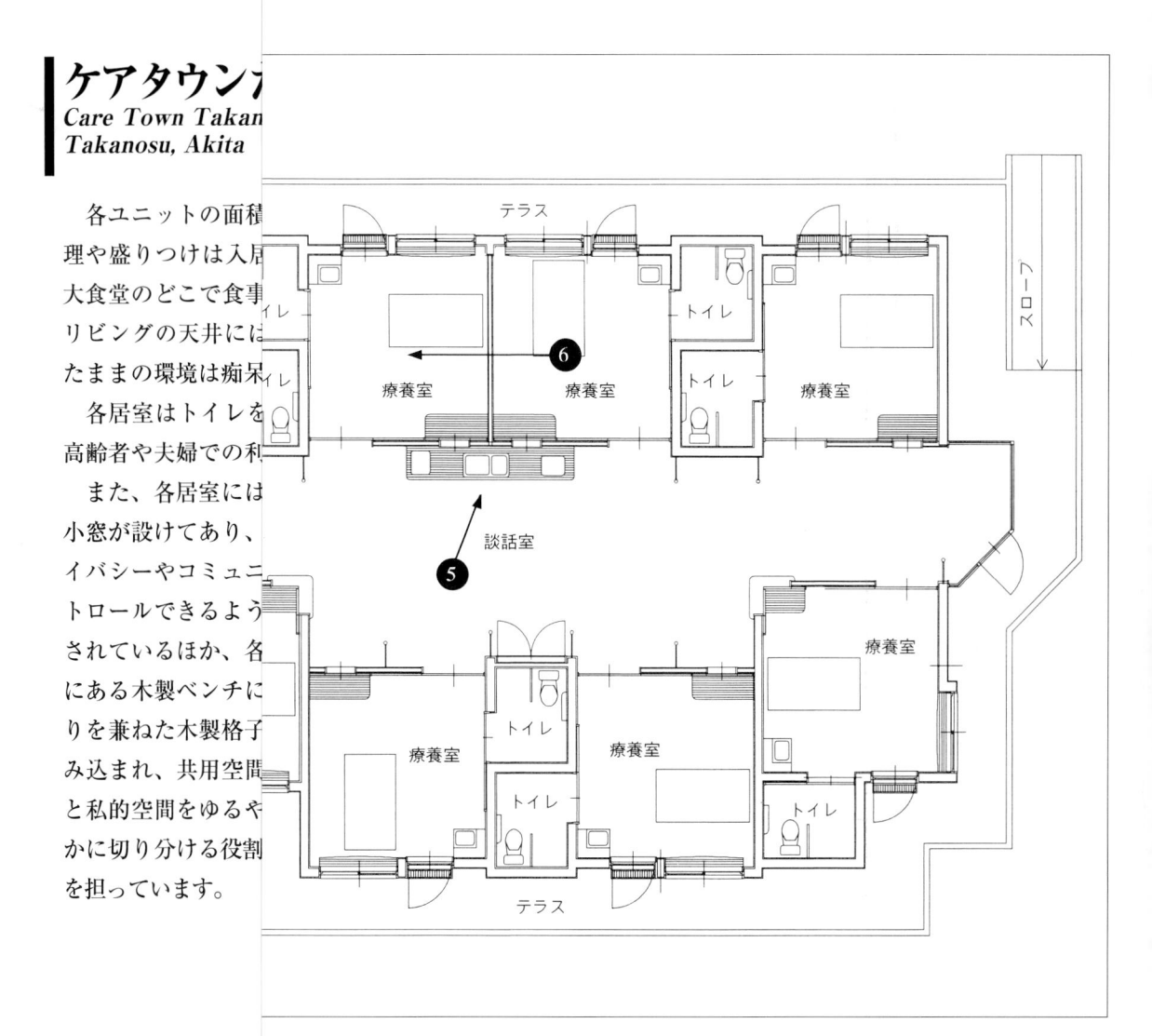

ケアタウン大
Care Town Takan
Takanosu, Akita

　各ユニットの面積
理や盛りつけは入居
大食堂のどこで食事
リビングの天井には
たままの環境は痴呆

　各居室はトイレを
高齢者や夫婦での利

　また、各居室には
小窓が設けてあり、
イバシーやコミュニ
トロールできるよう
されているほか、各
にある木製ベンチに
りを兼ねた木製格子
み込まれ、共用空間
と私的空間をゆるや
かに切り分ける役割
を担っています。

④各ユニットの入り口。また、
　内履きの履き替え約ライバ

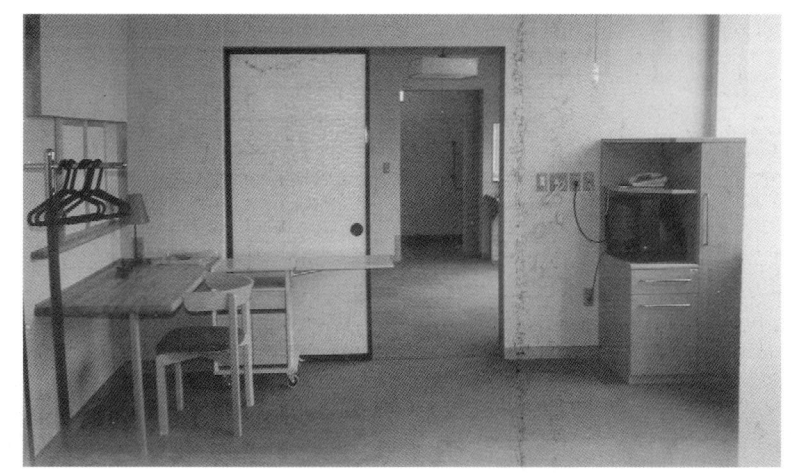

⑥療養室の一部はふすまで隣室とつながる

第4章 建築計画と実例　103

至誠キートス

Shisei-Kiitos Home
Tachikawa, Tokyo

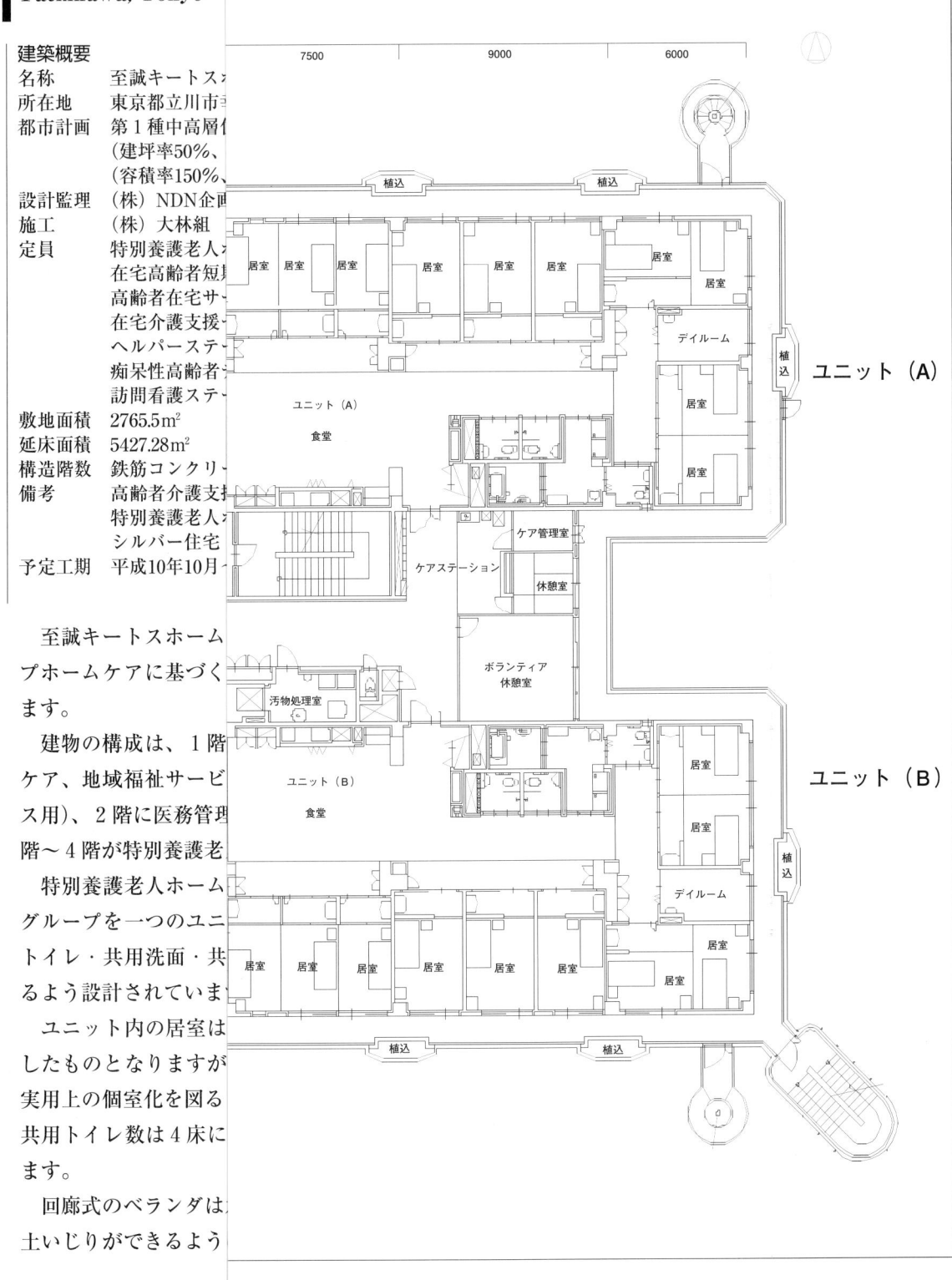

建築概要
名称　　　至誠キートス
所在地　　東京都立川市
都市計画　第1種中高層住
　　　　　（建坪率50％、
　　　　　（容積率150％、
設計監理　（株）NDN企画
施工　　　（株）大林組
定員　　　特別養護老人
　　　　　在宅高齢者短期
　　　　　高齢者在宅サー
　　　　　在宅介護支援
　　　　　ヘルパーステ
　　　　　痴呆性高齢者
　　　　　訪問看護ステ
敷地面積　2765.5m²
延床面積　5427.28m²
構造階数　鉄筋コンクリー
備考　　　高齢者介護支援
　　　　　特別養護老人
　　　　　シルバー住宅
予定工期　平成10年10月

　至誠キートスホーム
プホームケアに基づく
ます。
　建物の構成は、1階
ケア、地域福祉サービ
ス用）、2階に医務管理
階〜4階が特別養護老
　特別養護老人ホーム
グループを一つのユニ
トイレ・共用洗面・共
るよう設計されていま
　ユニット内の居室は
したものとなりますが
実用上の個室化を図る
共用トイレ数は4床に
ます。
　回廊式のベランダは
土いじりができるよう

ユニット（A）

ユニット（B）

第4章 建築計画と実例　105

長期療養病棟を
Stureby Sjukhem
Enskade, Sweden

建築概要
名称	Stureby Sjukhem
	痴呆性グループホ—
所在地	Tussmetovangen
構造階数	鉄筋コンクリート
	1階：公立図書館
	（5人）
	2階：痴呆性グル—
	3階：痴呆性グル—
	4階：痴呆性グル—
	5階：ターミナル
	（緩和ケアユ
	れている）
設計	Olle Sutinen　オ—
開設年月	1998年11月

　1936年に建設された古い
例。改築により、もとは2
にグループリビングを取り
センター、レストラン、お
高齢者グループホーム、5
末期の患者）用の緩和ケア

　グループホームのフロア
グが配置されています。ま
気軽に屋外の景色を楽しめ

　また、家庭的な雰囲気を
の一部にガラスの衝立を使
ど、設計の随所に工夫を凝

　各居室にはキッチンがな
面積に抑えられています。
広く設計されているほか、

　こうした改築の結果、痴
の途中で倒れてしまうよう
以前はベルトコンベアー式
ということです。

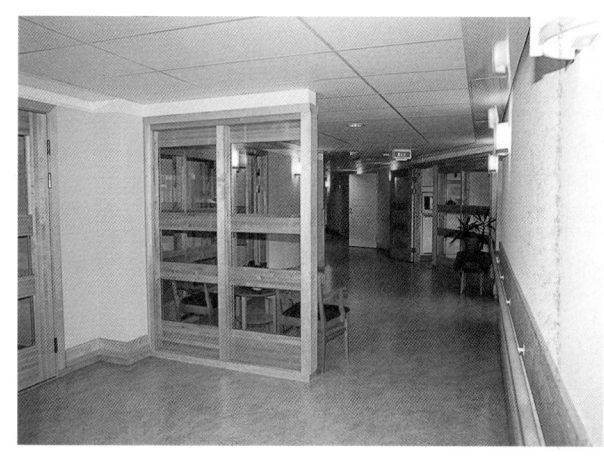

③長い廊下をビジビリティ（可視性）を保ちつつ分節している

④個室内のしつらえ

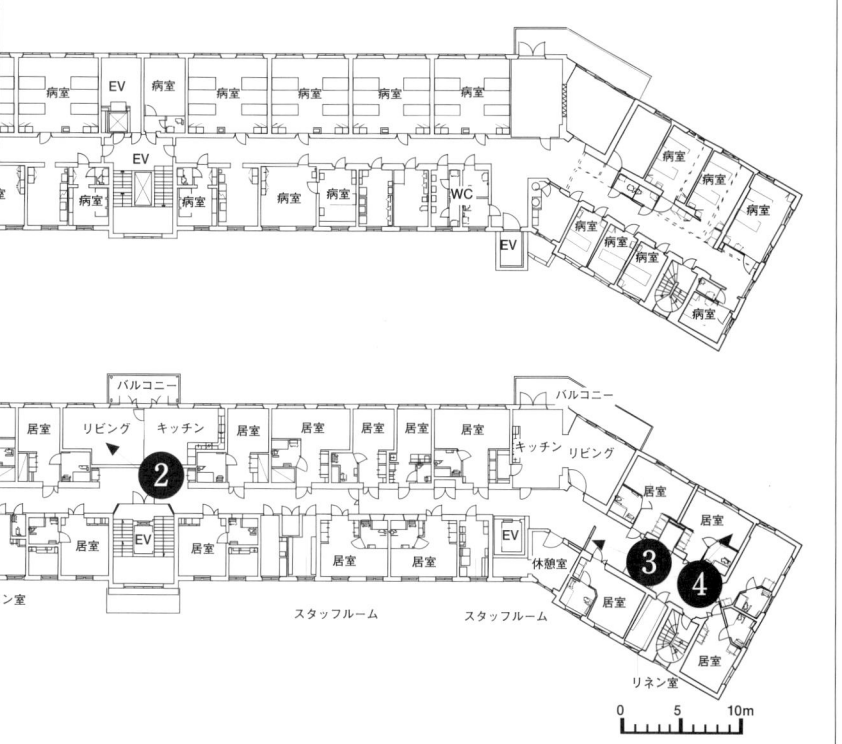

Ⅱ部
スウェーデンのグループホームの今

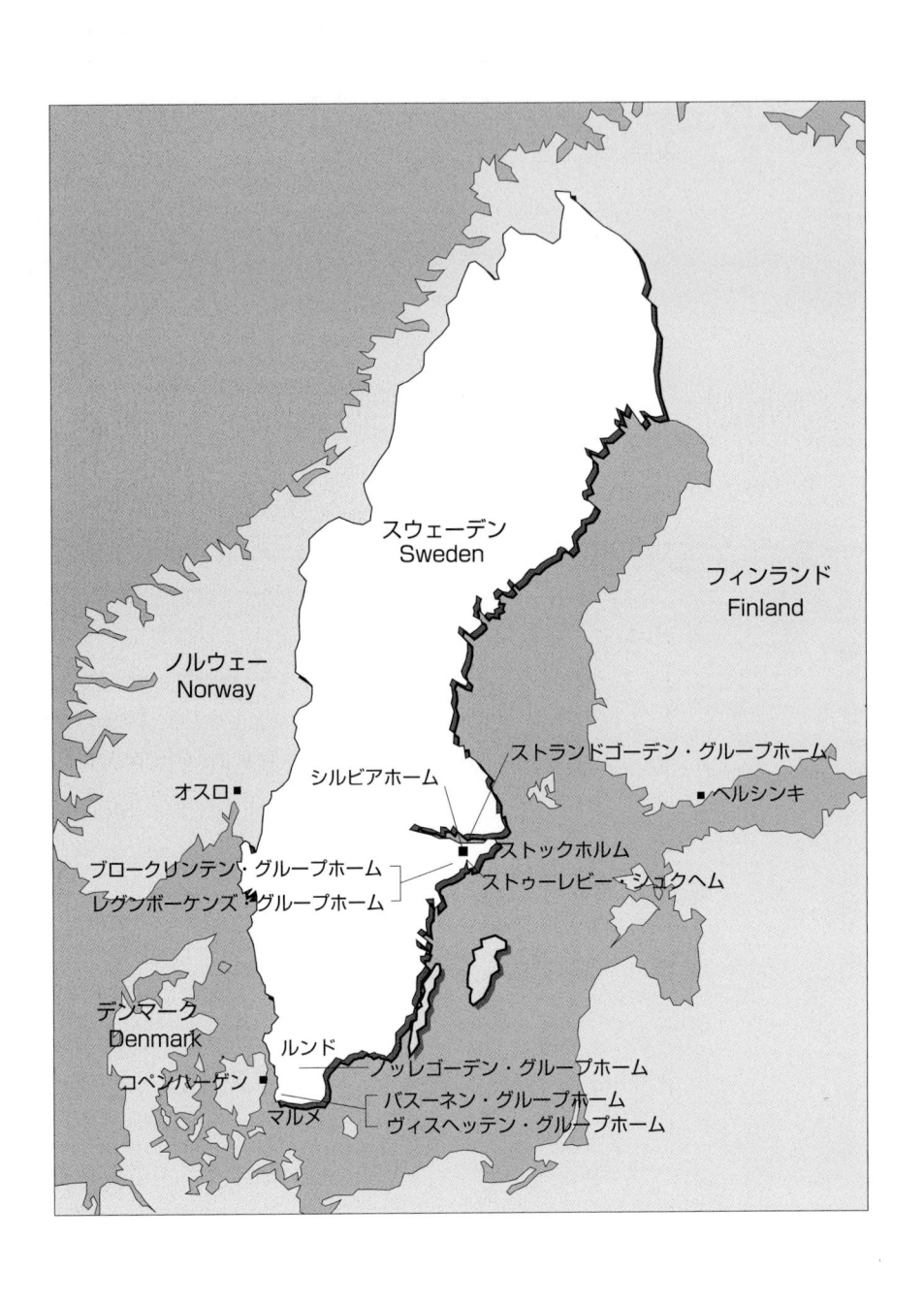

国	都市
ノルウェー Norway	オスロ
スウェーデン Sweden	ストックホルム、ルンド、マルメ
フィンランド Finland	ヘルシンキ
デンマーク Denmark	コペンハーゲン

施設:
- シルビアホーム
- ストランドゴーデン・グループホーム
- ブロークリンテン・グループホーム
- レグンボーケンズ・グループホーム
- ストゥーレビー・シュクヘム
- フッレゴーデン・グループホーム
- バスーネン・グループホーム
- ヴィスヘッテン・グループホーム

第5章
スウェーデンの痴呆性高齢者ケア

1 歴史と沿革

　1980年代半ばから全国286の地方自治体ごとにグループホームやデイケアが整備され、いち早く痴呆性高齢者ケアの体制が整ったスウェーデンですが、かつては痴呆性高齢者が、在宅においては配偶者等の家族の犠牲によって、施設においては精神病院や長期療養施設等で主に投薬でのコントロールによって処遇されていた時代があったのです。こうした状況に変化が訪れるきっかけとなったのは、1975年に社会保健庁が行った全国長期療養施設調査でした。この調査の結果、全国の長期療養施設入所患者約4万人の半数を超える高齢者が、何らかの精神障害を有していることが明らかになりました。

　この結果に衝撃を受け、以後繰り返し各県政府によって長期療養施設調査が繰り返され、こうした施設における痴呆性高齢者の実態が明らかにされてゆきました。一方、在宅における痴呆性高齢者の実態を明らかにするための調査も行われ、多くの家族介護者（スウェーデンでは主として配偶者）が連続的な介護によって共倒れの状況に追い込まれていることが分かったのです。こうした背景から、「デイケア」と「グループホーム」の先駆的試みが国内の複数箇所で始められました。

　これらの試行的プロジェクトは、1985年に社会保健庁によって、痴呆性高齢者ケアに有効なケア方法として評価をうけ、建設に際し地方自治体に国庫補助が拠出されるようになり、急速に整備が進められるようになりました（図5-1）。

　以来、今日まで約15年余りの間スウェーデン各地の地方自治体では、痴呆性高齢者グループホームとデイケアが整備され今日に至っています。この間には、グループホームの入居定員や利用対象者像、さらに居室の居住水準などが少しずつ変化を遂げてきています。今後のわが国の痴呆性高齢者グループホームの動向を占う上でも参考になると思われますので以下に、その流れを要約してみましょう。

　まず、初期の補助基準には1ユニットの入居者規模が6名と定められており、複数ユニットを複合的に同一敷地内に建設することも禁じられていたため、当初は独立型のグループホームが増加していきました（当

初、居室の床面積の水準は45m²程度でした）。

　しかし、経年変化により入居者の痴呆が進行し、介護が重度化すると、スタッフの負担が重くなったり、規模が小さい故にストレスを吸収する柔軟性が限られる等の課題も顕在化してきたため、複数ユニット統合型や老人ホームやシュクヘム改修型等による併設型のグループホームが続々と登場するようになります。

エーデル改革
→113頁参照

　特に1992年に導入されたエーデル改革の際に、グループホーム建設推進のために導入された時限国庫補助（1棟単位50万クローナ）が1997年に廃止されると、1ユニット当たりの入居者数が8〜10人と増加し、個人の居室床面積も25〜28m²にまで縮小し、台所もキチネットに替わるケースが目だってきました。また、入居者の痴呆が重度化する傾向も出てきており、ターミナル期までの対応を前提とする施設や、ごく一部ではありますが、激しい自傷他害行為を呈する前頭葉性痴呆の入居者を受け入れるグループホームも出てきています。

2　現　状

サービスハウス
→114頁参照

老人ホーム
→115頁参照

グループホーム
→114頁参照

シュクヘム
→116頁参照

介護付き住居
→116頁参照

　現在、痴呆性高齢者に対する入居型サービスは、サービスハウス（servicehus）、老人ホーム（ålderdomshem）、グループホーム（gruppboende）、シュクヘム（sjukhem：医療起源の旧長期療養病棟）[1]の4つの形態において行われています。1992年の高齢者ケア改革（エーデル改革）以降、全て「介護付き住居（service boende）」として、統一された枠組みとして国庫から補助を受け、利用者側からの費用負担の仕組みも一本化されています。したがって、各地方自治体におけるこれら4つの形態間の区別は明確ではなくゆるやかなものとなっています。

　これはかつて老人ホームを全廃して全てをサービスハウスに転換しようと試みながら、経年変化による入居者の老齢化により特に痴呆症を呈する入居が増化し、サービスハウスだけではニーズの変化に対応し切れなかったことへの反省によるという側面もあります。各地方自治体ごとに住民のニーズに合わせて上記4形態のどれを増やしてもよく、また形態もかなり折衷したものが多くなっています。その結果、いずれの形態もグループホームに近似した形態になりつつあるともいえるでしょう。

　介護付き住居の入居に際しては利用者本人や家族の申請を受けて、地方自治体の福祉事務所のケアマネジャーが認定を下し入居が決定されます。

　入手できた最も最近のデータ[2]によると、1995年時点でスウェーデンに

は約17万人の痴呆性高齢者が存在すると推測されていますが、そのうち中等度以上は約11万人で、これは1990年度初頭の推計による、2000年に約10万人という数字をやや上回る数字であり、65歳以上人口の約7.2％に相当します。

これに対する、現在のスウェーデン全体におけるグループホーム数に関する公式なデータはないのですが、ルンド大学オールンド教授の推定によれば、約2200ユニットが存在し、1万9000人から2万人の痴呆性高齢者が入居しているとされています。この数字はエーデル改革における2000年の整備目標値、2万5000人分からみると少々厳しい数字です。

なお、入手できた最も最近のデータによると、1994年9月時点におけるスウェーデンの痴呆性高齢者グループホームに関する建設年度別グループホーム数（図5-1）、独立or併設型（図5-2）、設置階（図5-3）、居室の居住水準（入居者比、施設比）（図5-4、5-5）、職員比率（入

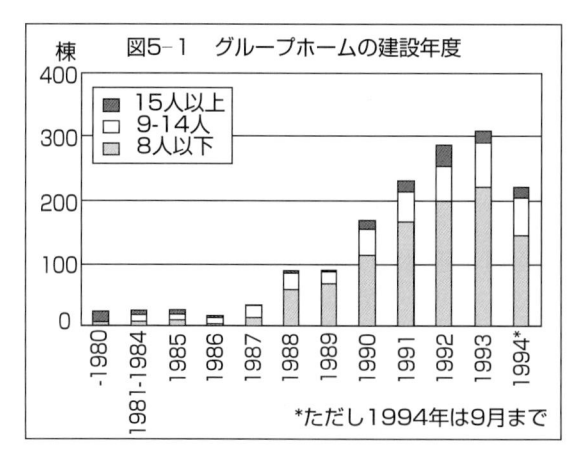

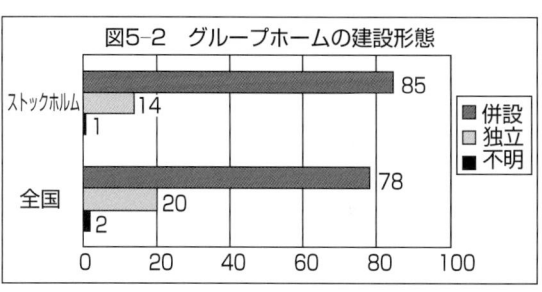

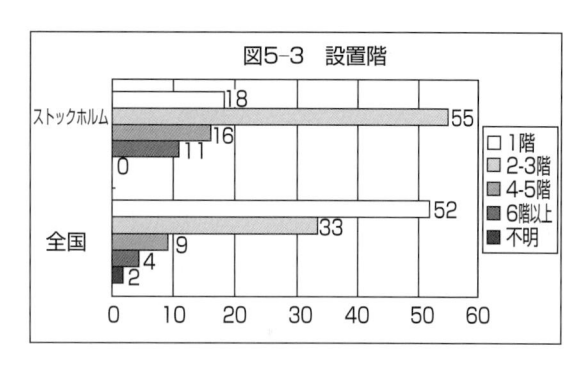

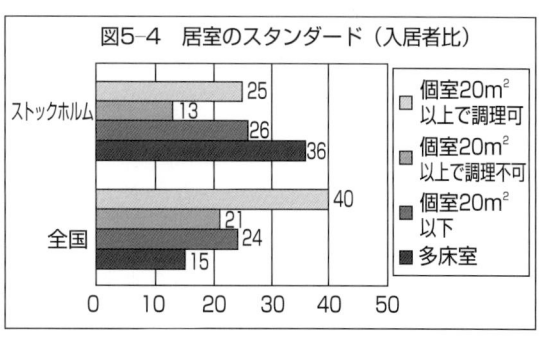

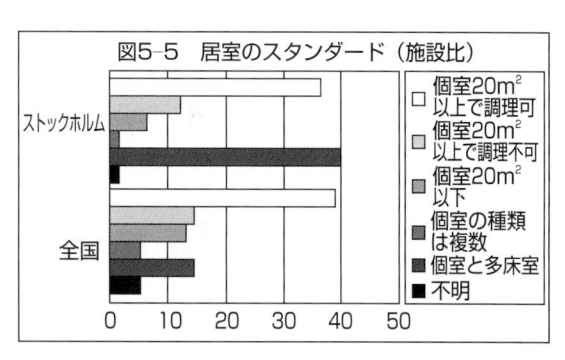

図5-1　グループホームの建設年度

図5-2　グループホームの建設形態

図5-3　設置階

図5-4　居室のスタンダード（入居者比）

図5-5　居室のスタンダード（施設比）

図5-6 職員率（入居者比、常勤換算）

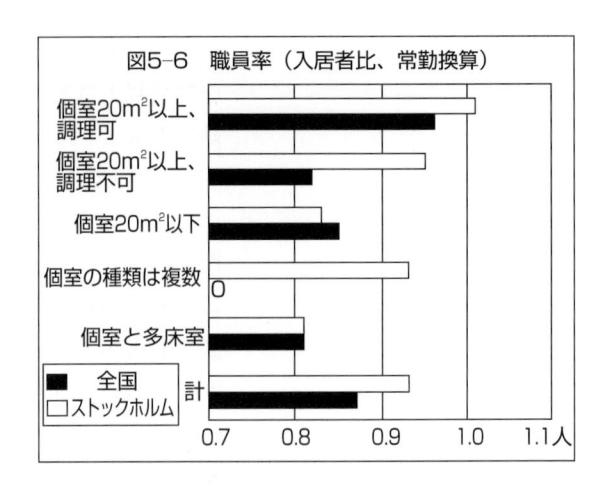

・個室20m²以上、調理可
・個室20m²以上、調理不可
・個室20m²以下
・個室の種類は複数
・個室と多床室
・計
（■全国　□ストックホルム）

居者比、常勤換算）（図5-6）[3]等は図に示されたような状況になっています。

3 将来の展望

スウェーデンでは今後、痴呆性高齢者数はさらに増加し、2025年には23万4千人になることが推測されています。このうち中等度以上の痴呆性高齢者が65歳以上に占める割合は7.4％になると見込まれています。

このように痴呆性高齢者ケアの更なる需要の増加が予測されている一方で、それに見合ったグループホームの整備を進めていくうえでの財政的余裕が必ずしも十分ではなく、全国の自治体の中にはグループホーム整備計画の縮小を余儀なくされつつある自治体も出てきているのが実情のようです。

グループホームケアの有効性についてはその評価が定まっており、既存の老人ホームやシュクヘムにおいても、ハード面でのグループホームユニット化が進行しています。しかし、十分な研修を受けたスタッフを、ある水準を満たして整備することが前提となるため、グループホームを今後需要に応じて増加させてゆくことが難しい状況もあります。

スウェーデンにおけるグループホームに詳しいルンド大学のオールンド教授によると、南スウェーデン地域の自治体において、個々の自治体内に眠る物的・人的資源を掘り起こし、ストックとして活かしながら、新たな形態の痴呆性高齢者ケアを模索しつつあるということです。

4 わが国のグループホームを考えるうえで

わが国においても、1997（平成9）年度からは痴呆性高齢者グループ

ホームの運営費が、1998（平成10）年度末からは施設整備費が、それぞれ国庫補助金として予算化されました。また2000（平成12）年に運用が開始される介護保険では、グループホームが給付対象に含まれることもあり、現在、全国でグループホームが急速に整備され始めています。スウェーデンのほぼ15年後を追うかたちで、わが国でも本格的に痴呆性高齢者ケアの施策対応が始まりました。

まだその端緒についたばかりの現状においては、痴呆性高齢者グループホームの利用対象者を中程度の痴呆に限定していますが、スウェーデンの動向からも示唆されるように、今後、時を経ると共に次第に利用者が重度化したり、ターミナルを迎えるケースが十分想定されます。その時、我々はどう対応すればよいのでしょうか。いや、その予想される事態を念頭に入れて、あらかじめ、どのようなソフト、ハードの備えをすればよいのでしょうか。

Ⅱ部では、本格的にグループホームを導入してすでに15年ほど経ったスウェーデンの現状を訪ね、その発展形態別に、1）サービスハウス等の住宅から発展したグループホーム、2）老人ホームなどの福祉施設から発展したグループホーム、3）長期療養病院等の医療施設から発展したグループホーム、また4）近年の1）～3）が複合化されたグループホームの4つの類型ごとに（図5-7）、それぞれの事例の空間構成とケアの変遷過程と現状を紹介することを通して、今後本格化するであろうわが国のグループホームの進むべき道筋への参考にしていきたいと思います。

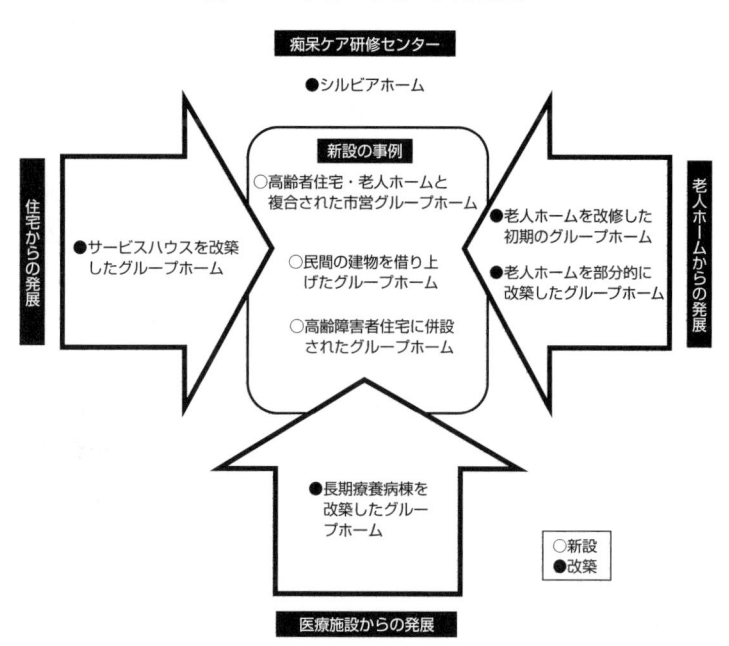

図5-7　グループホームの類型

5 用語の整理

　他の社会のシステムを日本に紹介しようとする場合、適切な訳語を用いなければ、しばしば意味を取り違えてしまったり、その本質が正しく伝わらない場合があります。本書では、原語の意味するところはもちろんのこと、日本における訳語の定着度なども考慮に入れて、以下のように用語を用いることにしました。

「高齢者ケア改革（エーデル改革）」（Ädelreformen）
　スウェーデンで1992年1月1日から施行された高齢者ケア改革。目的は、従来県政府の管轄であった高齢者ケアの医療分野（具体的には、「シュクヘム」、在宅医療、痴呆性高齢者デイケア等）のサービスを地方自治体の管轄下に移管し、高齢者に関わる住宅から福祉、医療に至る広範なサービスの責任主体を一本化することによって、利用者に対するサービスの質の向上と資源の有効配分を同じに追及しようとするところにありました。この改革に伴い、県政府側から地方自治体側に4万人近い医療スタッフと200億クローナを超える予算が移管されました。また、「サービスハウス」、「老人ホーム」、「シュクヘム」、そして「グループホーム」の4つの形態が、全て「介護付き住居」と呼称され同じ範疇として地方自治体の管轄下に置かれることとなりました。この改革の結果、高齢者慢性疾患患者の入院数や在院期間が大幅に減少しました。

「グループホーム」（gruppboende）
　原語ではgruppboendeあるいはgruppbostaderと呼ばれており、厳密には「グループ住居」あるいは「グループ住宅」と訳す方が正確です。特に1992年のエーデル改革以降、サービスハウスや老人ホーム、個室化されたシュクヘムと併せて「介護付き住居（service boende）」の一形態として位置づけられて以来、その性格が一層明瞭になってきています。しかし、わが国で「グループホーム」という訳語および呼称がすでに遍く用いられており、細かな定義分けをして、現段階で弁別する事が新たな混乱を招くことも考えられるため、本書においてもグループホームとして統一して表記することにしました。グループホームは、元来、精神障害者や発達遅滞者の大規模施設でのケアに対するオールタナティブとして登場したもので、スウェーデンにおいてもこうしたグループホームはさらに長い歴史を持っているのですが、グループの規模やケア体制およびケアの内容などが痴呆性高齢者グループホームとは異なります。本書で用いている「グループホーム」という用語は、基本的に痴呆性高齢者グループホームを意味しています。

「デイケア」(dagvård)

　元来、在宅で生活する慢性的な疾患を持つ、主として高齢者が昼間通うハーフウェイの施設ですが、今日、ほとんどの場合痴呆性高齢者ケアの通所施設を指します。主要なねらいは、介護力の限界に達した家族介護の軽減と、痴呆性高齢者自身の活性化により彼らの在宅生活を支えるところにあります。建築的には、従来医療施設に併設されるケースが多かったのですが、昨今ではプライマリーケア領域のロカーラシュクヘムに併設されたり、住宅地域の中に単独で計画されたものも多く存在します。

「サービスハウス」(servicehus)

　高齢者向けケア付き集合住宅に地域のデイサービスセンターが合築されたものを、スウェーデンではサービスハウスと呼んでいます。1960年代末から1980年代半ばにかけて全国で盛んに建設されました。初期には大都市近郊のニュータウンの中心などに大規模なものが計画されましたが、次第にブロックの住戸数が小規模化してゆきました。入居者は各自、通常の集合住宅と同規模の住戸に住みながら、サービスハウス内のステーションを拠点に各住戸を訪れるホームヘルパーのサービスや介護を受けたり、共用施設に出向いてそこで提供されるサービスを利用したりしながら生活します。共用施設としてはレストラン、図書室、理容理髪室、足治療室、ホビー室などがあります。

「老人ホーム」(ålderdomshem)

　1981年の救貧法において、当時全国に2408あった町村と116の市ごとに、生活保護受給者を対象として老人ホームの設置が義務付けられました。当初は、多人数居室主体で社会からの隔離性の高い施設でしたが、次第に居住性の改善が計られ、1970年代には各居室がキチネットや専用のシャワー・トイレを持ったサービスハウスと極めて近似した居住水準を持つに至りました。

　1974年には地方自治体が老人ホームを建設する際の国庫補助が廃止され、老人ホームをサービスハウスに改築する際の補助に切り替えられて、以後老人ホームの建設がストップしました。しかし1990年代に入り、サービスハウスの入居者の経年変化による重介護化などの課題が顕在化し、一部の地方自治体では小規模で居住水準の高い老人ホームを計画して対応を試みています。このようにサービスハウスと老人ホームは、今日極めて近似した形態となっていますが、その相違点は以下の二点に集約されます。

　① 住戸部分の居住水準の差：サービスハウスの各住戸はあくまでも

独立した住戸なので、住宅局の居住水準を満たして、国庫からの住宅建設資金融資を受けていますが、老人ホームの住戸（居室）部分は資金融資基準を満たしていません。

　②　共用部分の内容の差：老人ホームでは、各住戸部分で十分に満たされていない炊事・食事・入浴等に関わる生活空間や設備を共用部分の内容で補完しています。すなわち、10戸前後のグループごとにオープンキッチンあるいは配膳室、食堂、デイルーム、介助浴室を共用部分に設けています。しかし、この共用設備は、基本的にグループ内の居住者を対象として計画されているため、近隣に住む高齢者や他世代の利用が意図されているサービスハウスのレストラン、図書室等の共用部分とは性格が異なります。

「シュクヘム」(sjukhem)

　地方自治体が運営・管理するプライマリーケア（一次医療）直轄の慢性疾患患者療養施設です。1980年代以降は療養環境の水準が大幅に向上し、呼称もロカーラシュクヘム（lokala sjukhem）と呼んで、県政府が直轄するcentrala sjukhem（central sick home）あるいはlångvård（long term care ward）とは区別されてきました。特に1979年にロカーラシュクヘム計画指針が出されてからは、病室の個室化が進み、専用のシャワー・トイレやキチネットも備わって、住居としての質を備えたものとして整備されてきました。

「介護付き住居」(serviceboende)

　すでに述べたとおり、1992年のエーデル改革以来、「サービスハウス」、「老人ホーム」、「シュクヘム」、そして「グループホーム」も加えて、「介護付き住居」として統合的に地方自治体の管轄下に置かれ、同じ範疇として国庫からの補助を受けるようになりました。利用者側からの利用料の支払い体系としても、家賃・ケア代・食費の三本立てに統一されました。

「介護保健士」

　高校で準備されている15程度の専門コースのうち「介護」コースを3年受けることでこの資格が得られます。スウェーデンではホームヘルパーや医療施設のケアワーカーにもこの「介護保健士」が就くようになってきています。「准看護婦」と訳されることもありますが、そもそも福祉系の人々が基礎的な医療の知識も得て介護にあたるというものであることから、日本の「准看護婦」とは全く異なり、誤解を避ける意味でも、本書では「介護保健士」という呼称を使うことにしました。

「痴呆専門看護婦」

公的な呼称・資格ではありませんが、痴呆性高齢者の専門的なケアを行える人に対するニーズが高いため、主に南部の地方でこうした呼称が定着しつつあります。「痴呆専門看護婦」は、大学で3年間（教養課程はない）専門看護教育を受けた後、臨床の現場（病院、訪問看護婦、施設勤務）を最低1年～1年半経験し、再度大学に戻り、老年科や痴呆科の教育を1年間受けた者を意味します。就職等で有利に働きます。

「痴呆研修を受けた介護保健士」

介護保健士のなかで1週間程度の痴呆研修コースを受けた者。研修内容はあまり高度ではないが、具体的です。これも就職時に有利に働きます。

「医師」

医師については「痴呆専門医」という呼称は通常用いられません。一般的には「老年科（geriatric）医」という呼ばれ方をされていますが、もちろん身体的なことに限らず、痴呆症などの知識にも通じています。本書中では「医師」という呼称を使っています。

「ケアワーカー」

今回の視察においては、できうる限りスタッフのバックグラウンドや資格要件について注意深く取材を行いましたが、現場で直接介護をしているスタッフのなかには、個々に過去の教育研修の経験を確認できない場合もありました。本文中では、こうした場合、一般呼称として「ケアワーカー」という表現を用いています。

注
(1) 4つのパターンのうち、もともとは医療施設だったシュクヘムの改革が最も遅れていますが、80年代初頭から進められています。92年から個室化のための国庫補助（5年間の時限措置）がなされた結果、ストックホルム市においては2000年には完全個室化実施が目指されています。
(2) 奥村芳孝氏の資料によります。
(3) 図1～6は奥村芳孝氏の資料の図表をもとに作成しています。

第6章
さまざまな形のグループホーム

1 老人ホームを改修した初期のグループホーム

施設名　ストランドゴーデン・グループホーム
　　　　（Strandgården Gruppboende）
対応者　グループホーム施設長　イボンヌ・ホグルンド（看護婦）
　　　　（Yvonne Hoglund）

●この事例のポイント

　老人ホームを改修した事例として、ストックホルム市の北に隣接するソレントゥナ市（Sollentuna：人口5万6000人）の静かな住宅街に立地するストランドゴーデン・グループホームを見てみましょう。精神障害者のためのグループホームや保育園、そして一般住宅と一体化されている

外観はかつての老人ホームのままです

のは、スウェーデンでもめずらしい形態です。また、老人ホームをグループホームとして改修した初期の事例なので、近年の改修事例と比較したり、限られた改修のなかで、どのようなケアを行っているのか、ま

たグループホームを他の施設と合築する場合の問題点をこの事例から考えたいと思います。

(1) 老人ホームからグループホームへの転用

　ストランドゴーデン・グループホームは、1960年に80名用の老人ホームとして開設された歴史を持ちます。その後約10年が経過し、入居者の身体能力の低下、痴呆症状の増加により、介護に手間がかかるようになり、そのことが内部で少しずつ問題化してきました。それと平行して、80年代の半ばに他の敷地にサービスハウスが建設され、当時老人ホームに居住していた入居者のうち身体的に健康だった人がそのサービスハウスに移り、残った17名を対象に運営され始めた形態が現在のグループホームの前身になります。

　1990年4月、建物の改築改修が行われ、スウェーデンでも比較的早い時期にグループホームとして誕生しました。1992年のエーデル改革の時にも、他のナーシングホームのような運営主体の委譲（県から市へ）もなく、比較的スムーズに運営は行われてきたといいます。

エーデル改革
→113頁参照

　17名定員のグループホームは、精神障害者グループホーム（定員5名）と保育園に隣接しており、また建物の2階部分は一般住宅となっている点も、新しく新設したグループホームには見られない特徴です。

　施設長のイボンヌ・ホグルンドさんは、3年前までスウェーデン最大の民間介護サービス会社に勤めていた経歴の持ち主。このグループホームと精神障害者のグループホームを含めて、経営のために年間1000万クローナ（1億5000万円）の予算執行権を与えられて、マネージメント全般を取り仕切っています。

(2) ストランドゴーデン・グループホームの居住環境

　ストランド・ゴーデングループホームは、静かな住宅街に立地しています。精神障害者のためのグループホームや保育園、そして一般住宅と一体化されているのは、スウェーデンでもめずらしい形態です。痴呆性高齢者のためのグループホームは1階に2ユニットあり、8人と9人の2つのグループに分かれ、中庭を囲む形に配置されています。各ユニットの中でさらに小グループに分かれたケアが行われているといいます。

　居室部分は大幅に改築されたものの、中廊下の両側に居室が並ぶ配置は、老人ホームであった頃と変わりません。蛍光灯の照明や大げさな手すり、鉄の扉、大きな非常出口の表示など、廊下部分にはあまり手が加えられていないため、老人ホームの雰囲気が残っています。それでも、廊下にはこのホームに関係する画家が描いた入居者のポートレイトが数多くかけられていて、独特の雰囲気をかもし出しています。その他、花

瓶やラグなどもたくさん置かれていて、家庭的な雰囲気を作ろうとしている努力はうかがわれます。

　各居室は約30m²程度の広さがあり、トイレ・シャワールームが付いています。居室には収納式のキチネットが備えられ、入居者の家族が訪問した時に使われるそうです。また、全部で7台の介助用リフトが各居室に設置され、要介護度が高くなった場合に備えています。お酒は自由に

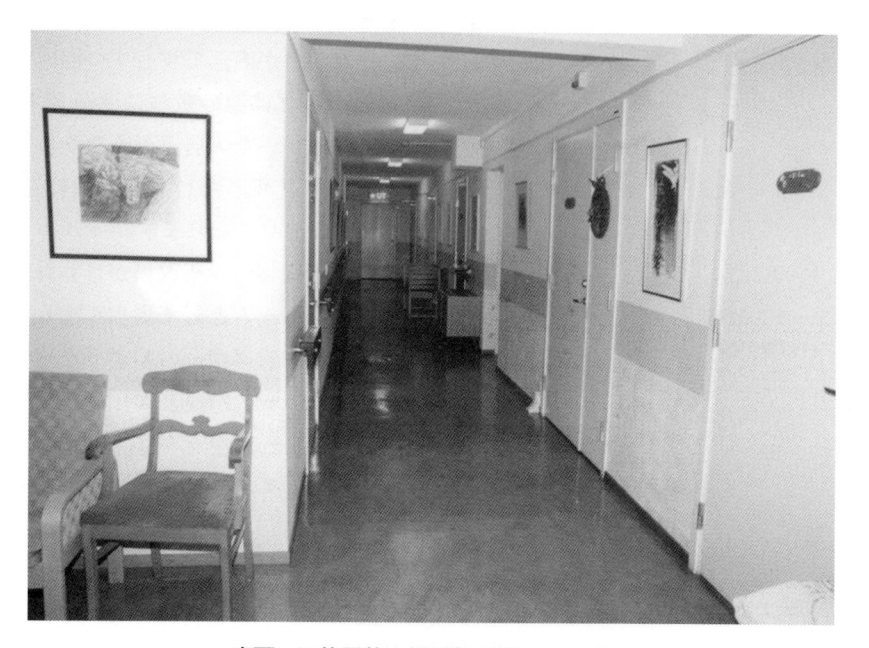

廊下には施設的な雰囲気が残っています

居室は自分の家具や額絵などが持ち込まれ、まさに住居です

飲めるそうですが、たばこは居室でも共用空間でも禁止されていて、唯一中庭が吸うことできる場所に決められています。

痴呆性高齢者グループホームの1階の玄関には鍵が掛けられていて、スタッフが開けなければ、痴呆性高齢者が外出できないようになっています。

(3) 対象者

入居の条件としては大きく二つが挙げられます。医師により明確に「痴呆」と診断されていること。および移動などの身体機能が残されていることです。病院の老年科の医師によって、脳の画像診断（CT）や記憶テストなどを受けて、痴呆であることが確認されると、市の待機者リストに載せられます。家族状況なども参考にして、入居が決定されますが、入居を待つ間は、まずデイケアやホームヘルプサービスを利用しながら、なるべく家族に負担をかけないで在宅生活を実現させるようにするそうです。一人暮らしの高齢者に対しては、ホームヘルプサービスやデイケアの利用を勧め、家族の状況によっては、ショートステイも活用するといいます。

人口5万6000人のソレントゥナ市（Sollentuna）は5つの地区に分けれており、各地区に2名のケアマネージャーがいます。一方、市の側には運営に関する調整者がいて、1か月に1度ケアマネージャーと会合を持ち、情報の交換をして入居の決定に関わるそうです。この調整者は、グループホームなど4つの種類の「介護付き住居」への入所を決定する委員会の長を務め、最終的な決定は、ケアマネジャーとともにこの委員会で行われます。

痴呆が重度の入居者と中から軽度の入居者が混合して居住することは、中から軽度の入居者への影響を考えた場合あまり好ましくないと考えているそうです。物を壊したり、汚したり、また徘徊が激しいケースなどは入居が難しく、特に夜間に大声などの問題行動を起こす者は、2階の一般住宅への影響が大きいのでグループホームへの入居に適さないといいます。

徘徊がひどく、寝たきりの人の部屋に入ってしまうようなケースには、寝たきり入居者の居室に鍵をかけて対応することもあるそうですが、徘徊を抑えるようなことは特にしないといいます。夜間の問題行動に関しては、過去3年間に1度そのような問題が発生したが、他のグループホームに移動させることにより解決したといいます。

また、入居者は健康でガンや糖尿病の人はいないので、日常的な医療は必要としていないそうです。

(4) ストランドゴーデン・グループホームのケア体制

　各ユニットの中にはさらに小さなグループ分けを取り入れているといいます。90年当初は入居者の状態像別にユニットを分けたケアを取り入れていましたが、施設内リロケーションを行わないように配慮し、空いた部屋に新しい入居者を入れていった結果、現在は二つのユニットの入居者に差はないそうです。

窓辺のカーテンを通してやわらかい光がリビングの中に流れ込んでいます

　入居者17人に対して日中は20人のケアスタッフが（常勤換算で13人に相当）勤務しています。

　夜間は5人のケアスタッフが勤務に就きます。平日の勤務態勢は以下の通りです（休日はこれより少なくなるといいます）。

・7：00〜12：00　調理員＋6名のケアスタッフ
・12：00〜16：00　4名のケアスタッフ
・16：00〜21：30　4名のケアスタッフ
・21：30〜7：00　2名のケアスタッフ（内1名は精神障害者のグループホームも担当）

ストランドゴーデン・グループホームでは、施設内であっても悪い影響が出るので、施設内リロケーションとなる部屋替えは行わないといいます。そのため、それぞれのケアスタッフが2人の入居者を受け持つ個別ケアを取り入れ、チームによるケアとの二本立てのケア体制を敷いています。グループホームへの入居が決まると親族にチェックリストを書いてもらい、担当のケアスタッフが家族の元へ出向いて、本人の生活歴や興味を把握し、その上で、病院や歯科医、美容院へ行く必要があるか判断し、日常生活で必要なケア・サービスの内容を決定するそうです。

具体的なケアについてを聞いたところ、状況を理解してもらえるようにすることに主眼を置いているという答えが返ってきました。たとえばブラシの使い方を間違えても、怒るのではなく使い方を示し、また実際は85歳なのに自分は45歳だと思っているような時間の失見当識の場合も、訂正はしないように心がけているそうです。痴呆を受け入れ、喜ばれるように接することを大切にしているのです。次第に要介護度の高くなる痴呆性高齢者を最後まで看取ることは、大変な苦労です。そうした困難な仕事に喜びを感じることができるのは、高齢者の笑顔があってこそなので、ケアの一環として担当ケアワーカー対抗の入居者の美容コンテストなどを取り入れていることもうかがいました。

また現在は、入居者の状態などを考え、回想法や音楽療法など、特別な療法としては取り入れていないけれど、五感を刺激することに重点を置いたケアを行うよう心がけているそうです。例えば音楽療法とは呼んでいないものの、毎週土曜日に音楽家に来てもらったり、週に2回赤十字のボランティアに頼んで、入居者を散歩に連れていってもらっているといいます。

次にケアスタッフの適性や教育について聞いたところ、男女の性差は関係なく「お金だけのために働かない人、高齢者が好きでスキンシップの好きな人、高齢者と同じ目線に立って高齢者のシグナルを読みとれる人、親切な人」がよいと考えているそうです。しかし、介護職は伝統的に女性の多い職場なので、その意味では実際問題として考えると男性職員が増えるとよいのかもしれないともいいます。いずれにしても、ケアワーカーの採用が決定するまでに3か月間の試用期間があるので、不適格者は雇用しないそうです。

また、内部研修として、春と秋の年4回、成人学校の講座にケアワーカーを派遣し、ストレスへの対応、指圧、エモーショナル・インテリジェンス（高齢者に感情を表現してもらうための対応）などの1日コースを受講するそうです。

医療については、地域の診療所の医師がグループホームのかかりつけ医として4週間に1回往診に来るといいます。また理学療法士が定期

質の評価
→39頁参照

に訪問するため、じょくそうがある者やカテーテルを使っているものもいないし、以前骨折した高齢者がいたが、寝たきりになることもなかったそうです。診療所は近いため、病気になった場合に車椅子で連れていくこともできるし、毎日12時15分に入居者のその日の健康状態をかかりつけの医師にファックスで報告し、指示を仰ぐこともできるといいます。

　薬は医師に処方してもらったものを薬局で分包してもらい、看護婦である施設長の判断で服用の指示を行うこともあるそうです。

　特別な療法としてケアは行っていませんが、こうした努力の結果、ストランドゴーデン・グループホームは市の執行委員会の下部組織「ケア委員会」による評価アンケートで、市内で最優秀との評価を受けたこともあるそうです。

2 老人ホームを部分的に改築したグループホーム

施設名　レグンボーゲンス・グループホーム
　　　　（Regnsbågens gruppboende）
対応者　ベリット・エドホルム施設長
　　　　（Berit Edholm）

●この事例のポイント

　老人ホームの一部をグループホームに改築した事例として、ストックホルム市の南西、トゥンバ市（Tumba）の住宅街にある、レグンボーゲ

外観はフラットな老人ホームのままです

ンス・グループホームを取り上げました。この事例では、老人ホームに併設されていることのメリットをグループホームがどのように活かしているのか、また逆にグループホームのケアが老人ホームにどのような影響を及ぼしているのかについて見てみたいと思います。

(1) 老人ホームの一部をグループホームに改修

　1960年代に建設された老人ホームの一部を1991年にグループホームとして改修したのがレグンボーゲンス・グループホームです。グループホームでのケアが成果を収めたため、95年には、本体の老人ホームも改修し、生活空間・ケア単位を小規模化して、グループホーム的運営を取り入れ、施設全体が完全に複数ユニット型のグループホームの集合体に変わっています。痴呆性高齢者のグループホームは定員7名、併設の老

人ホームは8人のユニット6つからなり、計48名で運営されています。

(2) レグンボーゲンス・グループホームの居住環境

　グループホームは、各入居者の居室（キチネット、シャワートイレ付き約35㎡）と、共用リビングルーム、台所、ダイニング等によって構成されているほか、家族が訪れたときに使える居室も一部屋用意されています。平屋建てのため、外部への出入りも容易で、夏はテラスもよく利用されるといいます。

　各自の居室のドアには、表札や郵便受けも設けられていて、ここが高

従来の住宅からの家具が持ち込まれかつての居室が再現されています

齢者の「家」であることを強く印象付けています。廊下には足踏みミシンや古いピアノなどが置かれていて、家庭的な雰囲気を出すための工夫が見られます。入居者の中には言語による意志疎通が不可能な、かなり痴呆が重度の方も見うけられましたが、表情は穏やかで、ここでの生活に満足しているようです。入居者の様子を見ていると、キッチンで他の人と一緒に過ごすのを好む人が多いようで、そこに4～5名が集まっていました。

　居住環境は申し分ないように思われましたが、あえてケアスタッフに

使いにくい点などないか聞いてみたところ、重要な答えが返ってきました。個室のトイレはベッドから見える位置が望ましいというのです。普通、設計者はトイレはベットなど日常的に過ごす場所から見えにくい位置に配置します。ここレグンボーゲンス・グループホームの居室でもそういう造りなのですが、それが痴呆性高齢者にはトイレの位置を分かりにくくさせているというのです。

　併設の老人ホームも生活単位を小規模化し、いわばグループホーム的な運営がなされているため、居住環境はどちらも家庭的ですが、ただこうした点はグループホームを設計する際に気を付けるべき点といえます。

(3) レグンボーゲンス・グループホームのケア

　レグンボーゲンス・グループホームの入居者にはかなり重度の人が含まれています。

　例えば、ある男性の入居者に写真の撮影の許可を求めたところ、にこにこ笑いながらお財布を取り出してくださいました。それを撮影しようとしたところ、今度はお金を取られてしまうと思われたようでポケットに隠してしまいました。通訳を介して落ち着いた態度で語りかけてもそのような対応でしたので、かなり痴呆度が進んでいると思われましたが、見かけのうえでは穏やかな様子です。レグンボーゲンス・グループホームはかなりケアが行き届いているようです。

　では、職員はどのように配置されているのでしょうか。入居者の定員

リビング、ただ広いだけの共用空間にならないよう心がけられています

ジャガイモをむく男性の入居者

7名に対してケアスタッフは9名（常勤換算で7名）で、内6名は日勤のみ、2名が日勤と夜勤の兼務、1名は夜勤専門のスタッフ（男性）だそうです。全員が通常のケアワーカーであり看護婦や介護保健士がいない点は、これまで見てきた他のグループホームとの大きな違いといえます。基本的に、日勤は2名、準夜勤が2名、夜勤が1名の体制ですが、入居者の状態によっては日勤が3名になることもあるといいます。グループホームの施設長のエドホルムさんは、老人ホームの施設長も兼ねていますが、看護婦出身ではなく、保健大学の社会サービスコース（3年）を選択し、施設長やヘルパー・ステーションの主任といった管理者養成のための専門教育を受けた人物です。

彼女によるとトゥンバ市では痴呆性高齢者の居住の継続性が重視され、大きな理念に掲げられているといいます。したがって、このグループホームにおいても居住の継続性は最大限に尊重されているそうです。開設当初、ほぼ同じレベルであった入居者の痴呆度や身体機能は、時を経るに従って重度化しています。しかしながら入居者が可能な限りこのホームに住み続けることができるよう努めているといいます。ガン末期など集中的な医療が必要になる場合には、看護婦の配置の多い、他のシュクヘム（ナーシングホーム）へ移動させることもできないわけではありませんが、市からは痴呆性高齢者をリロケーションさせないよう、強い要請があるそうです。

また、攻撃的な行動が激しく、他の入居者に無視しがたい悪影響を与える場合なども、病院の老年精神科で診察や検査を受け、2週間程度入院する間に攻撃的な行動の原因を探り出し、対策を立てた上でまたグループホームに戻る形を取るといいます。やむを得ない場合は薬を処方することもあるそうですが、こうしたケースは極めて希だといいます。ほとんどの場合、グループホームのケアを受けることで、入居した時には攻撃的な行動など問題行動の見られた利用者でも、次第に不安感がおさまり、落ち着きを見せるようになると確信を持った答えが返ってきました。入居してきた時点では複数の薬を服用する方も、入居後しばらくすると精神安定剤や睡眠導入剤ばかりか、降圧剤さえも不要になるケースが多いそうです。これは、規則正しい生活、栄養バランスの取れた食事、十分な睡眠が高血圧を改善させるためです。グループホームの生活は、痴呆症以外の慢性病にも有効といえます。

また、レグンボーゲンス・グループホームでは、できる限り残存能力を活かしながら個々のペースにあわせた生活に心掛けているため、食事についても可能なかぎりケアスタッフが食材を購入し、グループホームのキッチンで入居者といっしょに作るといいます。どうりで訪問時にも、男性の入居者が独りでごく自然にジャガイモの皮をむいていたわけ

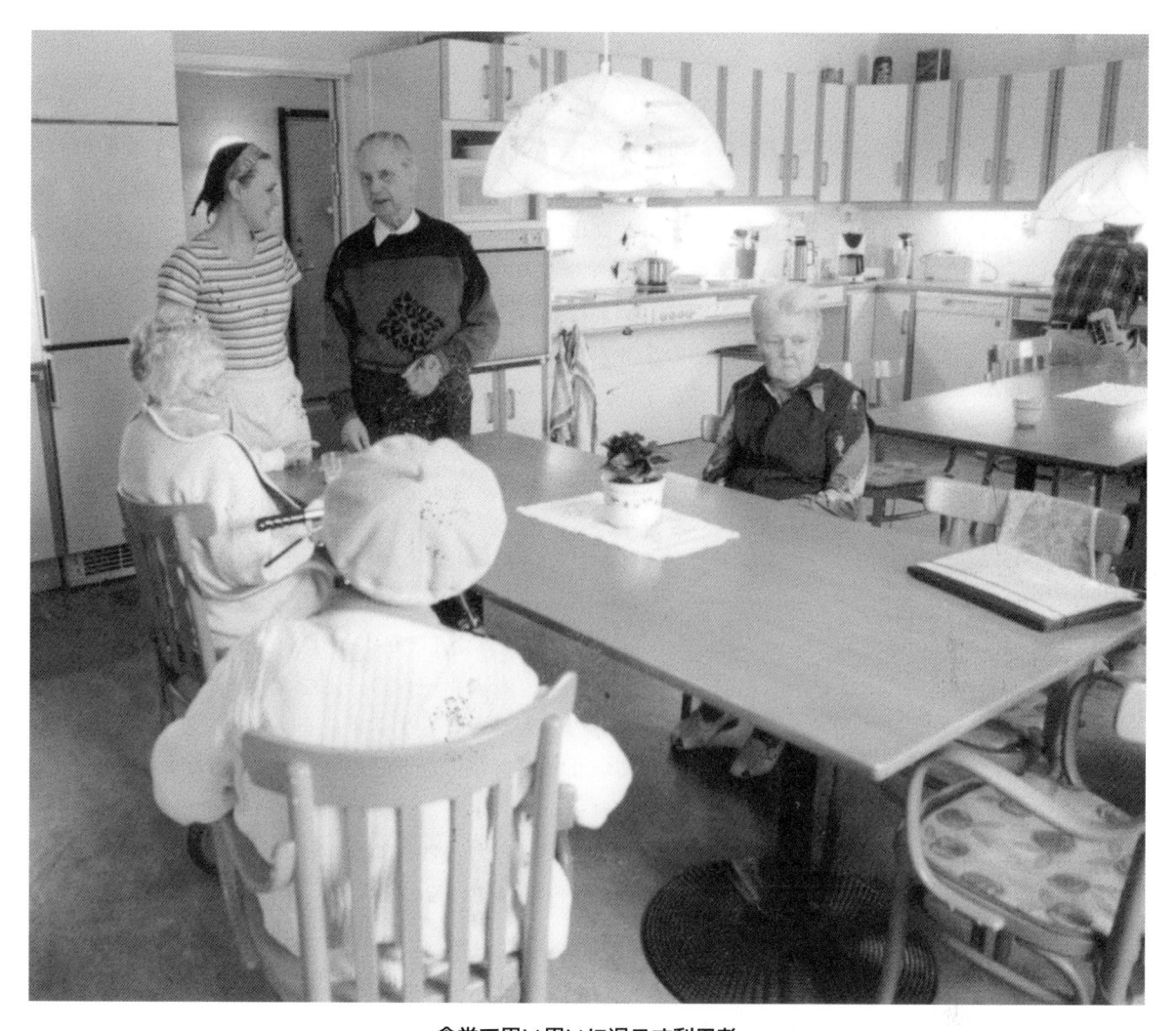

第6章 さまざまな形のグループホーム　*129*

食堂で思い思いに過ごす利用者

　です。ケアスタッフの話だと、最近は、老齢化したため、多くの利用者が家事をできなくなったそうですが、以前は、他の入居者に食事のお世話をしたり、ホームに届いた郵便物を配るなど、入居者はいろいろな役割を担っていたといいます。痴呆の進行に伴い入居者たちのできることが少なくなっていることは否めません。しかし、このホームのメリットは、重介護者がいてケアスタッフの手が回らない時には併設の老人ホームの厨房で作られた食事を購入することも可能な点です。いざという時に併設施設からそうしたサポートを受けられる安心感が、入居者と食事を作るゆとりを生んでいるのです。

　また、グループホームの行事以外に、入居者はデイケア等、併設された老人ホームの活動へも参加できます。看護婦、医師はグループホームには常駐していませんが、何かあった時には、隣の老人ホームのスタッフの力を借りることができます。いざという時のバックアップ機能があることで思い切った運営ができ、またスタッフにとっての精神的な支え

になっているといいます。老人ホームに併設されていることは、グループホームの運営にとって大きなメリットといえます。

(4) 老人ホームとグループホームを比べて

レグンボーゲンスの老人ホームとグループホームを比べると、グループホームでは、例えば起床や朝食の時間は自由で、それぞれの高齢者の体調や生活のリズムを尊重しているといえます。昼食は12時30分頃と一応決まってますが、ゆるやかに運用されているので、1日の生活時間の流れは、それぞれの高齢者の思い思いのリズムにまかされています。一方、老人ホームでも入居者の個別性を尊重していますが、食事時間などは決められています。

運営費用はグループホームが、一人1日当たり1000クローナ（1万5000円）、老人ホームは500クローナ（7500円）、職員配置はグループホームが1対1で、老人ホームが1：0.45です。

レグンボーゲンスでは、老人ホームの一部をグループホームに改修しただけでなく、本体の老人ホームも生活単位を小規模化し、家庭的な居住環境に改築しています。財政的な問題がクリアされグループホーム並の人員を配置できれば、老人ホームの入居者も起床や食事時間の制約のない生活を送ることができると思われます。それほど、老人ホームの居住環境の方も高質に整備されているのです。

グループホーム
→114頁参照

老人ホーム
→115頁参照

3 サービスハウスを改築したグループホーム

施設名　ブロークリンテン・グループホーム
　　　　（Blaklinten Gruppboende）
対応者　パウラ・ランタネン施設長（Paula Rantanen）
　　　　モニカ・ビルイェルソン地区業務主任（Monica Birgersson）

●この事例のポイント

サービスハウス
→114頁参照

サービスハウスをグループホームに改築した事例として、ストックホルム市の南西にあるフディンゲ市（Huddinge）の住宅街にあるブロークリンテン・グループホームを見てみましょう。70年代に建てられた

住宅地の中に立つサービスハウスの2階がグループホーム

サービスハウスの2階を改築した事例ですが、1999年5月の開設を目指して調査時にはさらに3階にもグループホームを造る改修工事に取りかかっている最中でした。既存ストックを有効に活用できる背景には、良質なストックとして住宅が整備されている背景があります。

また、わが国では痴呆性高齢者にとって環境が激変することのダメージや、大人数の環境で過ごすことによるストレスが必ずしも十分に理解されていないため、そうしたことが原因となって高齢者が混乱してしまうケースがしばしば見られます。痴呆性高齢者が無用な混乱を引き起こさないように配慮されたスウェーデンのシステムについてもこのグループホームから学ぶことができる点です。

(1) サービスハウスからグループホームへの改築

　ブロークリンテン・グループホームは、70年代に建築されたサービスハウスの一部を改築したグループホームです。3棟のサービスハウスには、現在も50～55世帯の高齢者が生活しています。もともとデイサービスセンターや地域の介護ステーションを併設していましたが、高齢化に伴い自立して生活できない痴呆性高齢者が増えたため、1996年に3棟あるうちの1棟の2階を改築し、グループホームを開設しています。しかし、それだけではグループホームの需用をまかないきれないため、すでに開設したグループホームの上階に新たなグループホームを造るための改築工事中で、これができあがると、このサービスハウスの中にグループホームが2ユニットできることになります。

(2) ブロークリンテン・グループホームの居住環境

　改築前のサービスハウスには、一つのフロアに5戸の住居が配置されていましたが、改築により7つの居室と共用スペースで構成されたグループホームになりました。共用スペースには、キッチン、リビング、ダイニング、ランドリーがあり、暖かい色のテキスタイルやアンティーク家具が居心地の良い空間を作りだしています。キッチンにあるL字型の調理台は、片面が廊下に面したカウンターになっていて、リビングの様子を痴呆性高齢者が自室から簡単に把握できるよう配慮されています。廊下とリビングを分節しつつも、視覚的につなげる方法は、痴呆性高齢者のビジビリティ（可視性）を確保するうえで有効といえます。

　もとのサービスハウスが正方形に近いプランだったこともあり廊下は短く、絵やソファが置かれているため、施設的な印象を感じさせません。

可視性
→67, 105, 141, 142, 144頁
参照

廊下からキッチンの様子がわかるカウンターのデザイン

入居者の過去の想い出がたくさん詰まった品々が壁に飾られています

　廊下に面したグループホームの玄関も、一般的な施設から想像する大げさな構えではなく、もとが住宅であったせいか、知らない人は通り過ぎるほどさり気ない構えです。唯一ドアに設置された小さな暗証番号式の鍵を見てここが痴呆性高齢者の住居であることを思い起こすくらいでしょう。

　各居室には、それぞれ専用のキチネット、トイレ、シャワーが設置され、床面積は約35㎡。一人で暮らすには十分な広さです。入居前からの家具が持ち込まれ、きれいに飾られた部屋からは、その人らしさを感じることができます。居室の扉にはセンサーが設置され、夜間に高齢者が

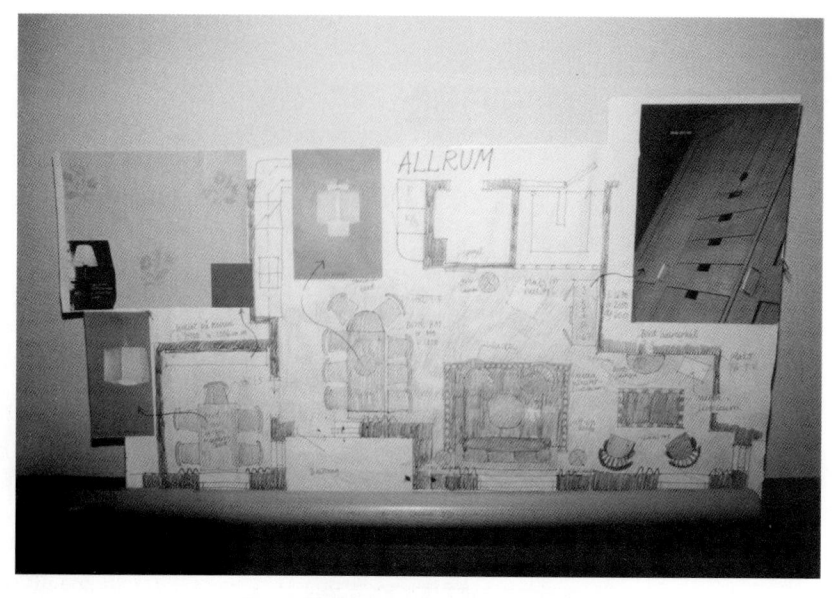

3階に計画中のグループホームのプラン

自室から出た場合、ケアワーカーが持つ発信器に伝わるよう工夫されています。

(3) 2年間の蓄積を踏まえて計画される新しいグループホーム

　先程も述べましたが、訪問時には新しいグループホームの改築が3階で進行中でした。新しくグループホームを改築するに当たり、これまでの経験の蓄積をどのように活かしたのか聞いたところ、いくつか興味深い答えが返ってきました。まず、先に改装したグループホームでは、各居室のキッチンが広すぎた点です。もとがサービスハウスであったため、居室内のキッチンは通常のサービスハウスと同等の面積ですが、実際にはほとんど使われていないそうです。家賃が共用部分を含む居室面積に応じた料金体系なので、その分だけ割高になってしまいます。こうした点を踏まえ、3階で改修を進めているグループホームは、キッチンをやや小さなキチネットにすることで、各居室の面積を2階よりも5㎡程度減らしたそうです。その結果、3階の住戸数は2階よりも一つ多い8戸として計画されています。

　また、新しいグループホームは、利用者のサブカルチャーが多様化してきている現実に配慮したそうです。たとえば水道の水詮金物のデザインなども、かつては「これが有効」ということになると、全て同じ物を設置する傾向がありましたが、意図的に多様な種類のものを設置するように計画しているといいます。これは、高齢者によって馴染んだ生活スタイルやサブカルチャーが異なるために、統一してしまうよりは、多様なタイプを用意しておくほうが対処しやすいからという理由に基づいて

キチネット
キッチンとして専用の一室を持たず、居室の一部に設置されたミニキッチンのこと

サブカルチャー
→85頁参照

いるそうです。

(4) 利用対象者と費用

　利用対象者は、痴呆症の診断を受けていることが前提で、介護する家族が困窮している度合いや独居などの家族状況、住宅の状況、将来にわたる介護の必要性などを、総合的に判断して決められています。サービスハウス内や地域にグループホームに入るべき人がいるのに空いていないような場合は、入居までの期間をホームヘルパーやデイサービスを増やすことでしのいだり、あるいは、民間の会社が行っているグループホームのサービスを市が買い上げ、利用者に提供するそうです。

　民間のグループホームでは、一日当たりの費用は1200クローナ（1万8000円）程度かかりますが、料金が入居中に値上げされた場合でも、痴呆性高齢者を別の施設へ動かすことは極力避け、差額部分は市が負担することで解決するといいます。こうした枠はフディンゲ市（Huddinge）で50人分用意されているそうです。

　利用者が重度化した場合の対応を聞いたところ、そうした場合でも他の施設に移されることはなく、また問題行動が激しい場合には、薬を使うことが全くないとは言えないにしても、通常はケアスタッフが努力し周囲もサポートすることで解決できるという答えが返ってきました。

　利用者の費用負担は、平均的には月額8000クローナ（12万円）といいます。内訳は、住宅費（家賃相当分）が4200クローナ（6万3000円）、介護費が1100クローナ（1万6500円）程度、食費が2700クローナ（4万500円）程度です。介護費の負担は収入によって異なり、住宅費についても自治体から出る住宅手当（bostadsbidrag）が低所得者に対しては厚くなるなど、グループホームへの入居が負担にならないよう配慮されているそうです。また、スウェーデンでは生活の最低水準が保証されているため、高齢者がこうした負担を支払った場合でも、手元には必ず、ひとり当たり最低月額1730クローナ（2万6000円程度）は残るよう法律で定められている点も特筆すべき点といえます。

(5) ケア体制と職員の資格

　職員の配置は、昼間が3人、夕方が2人、夜勤が1人。夜は夜勤専門のケアスタッフが当たっていて（3週間に7回の夜勤）、昼間や夕方のケアスタッフが勤めることはありません。施設長はサービスハウス、デイサービスセンター、ヘルパーステーション、グループホームの全ての責任者を兼ねていて、大学で3年間の看護教育のほかにマネージメントの教育も受けた方です。

　グループホームで働くケアスタッフは、通常のケアスタッフの他に、

高校で3年間専門教育を受けた「介護保健士」、および介護保健士と同じ教育を受け最後の1年間に精神科のコースを履修した「精神科ケアスタッフ」が当たっています。施設長によれば、今後求人をする場合は、専門教育を受けた介護保健士か精神科ケアスタッフを雇いたいそうで、こうした専門職が介護の現場で認められつつあることを伺わせます。

　また興味深かったのは、ケアスタッフの賃金に成功報酬部分が設定されている点です。ケアスタッフは担当の入居者毎にケアプランを作成し、そのケアプランの目標が達成されたかどうかは綿密にチェックされ、毎年行われる人事考課や給与査定の際のポイントになるそうです。

　ケアワーカーの基本給は平均すると月額13500クローナ（20万2500円）、痴呆ケア研修受講済みのケアワーカーで14000クローナ（21万円）です。一見安いと感じる方もいるかもしれませんが、スウェーデンでは貯金がさほど必要ではないうえ、共働きが普通なので低すぎるとは言えない金額と言えるようです。

(6) ブロークリンテン・グループホームのケア

　ブロークリンテン・グループホームでは、特別なプログラムを行うのではなく、日常生活のゆったりとした時間の流れを重視しています。入居者はコーヒーを飲んだり、思い思いの過ごし方でキッチンのテーブルでくつろいでいます。たいていの人は皆と一緒に座っているのが好きなようですが、見学者が来たために落ち着かなくなったのか廊下を静かに歩いている人や、廊下のソファにずっと座っている人もいました。ま

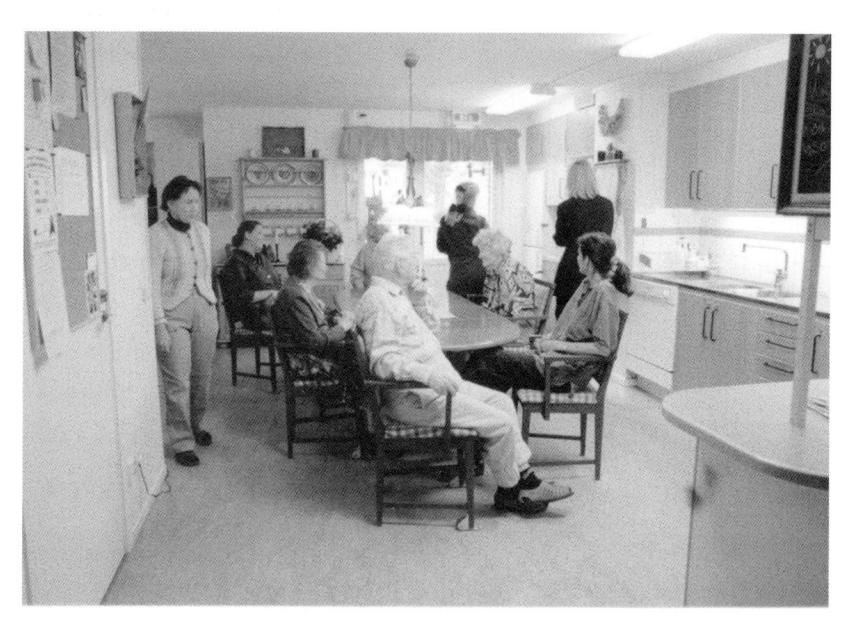

リビングルームに集まった入居者とスタッフ

たキッチンに座って奇声を発している女性もいて、かなり重度の人まで対応している様子が伺われました。

この施設でも、問題行動が激しかったり痴呆度が重くなったために他の施設に移ってもらうことはなく、入居者はターミナル期を迎え息を引き取るまで、ここに住み続けることができるそうです。身体的な障害が重くなり、家族も望んだ場合に限り、シュクヘム（ナーシングホーム）に移ることもあるそうですが、その場合も移転先は痴呆専用のグループホームとしての形態が整っているシュクヘムへの移動に限られるといいます。それほど「痴呆性高齢者の異常行動や混乱は、小規模で家庭的な環境での生活を通じてしか緩和されない」という考え方が徹底されているのです。「日本ではグループホームは中等度の痴呆の人を対象に考えられており、痴呆度が重くなると他の施設に移ってもらうことになっている」と言う視察団のコメントに対しては、「いったいどこに彼らの移る場所があるのか」と驚いていました。

またピック病の人など症状の激しい人についてのケアで、特別な留意点があるか質問したところ、「それはあくまでも個別のケアの問題で、病気の原因で対応を分ける考え方はせず、あくまでも状態像ごとに考え個別の対応をする」という答えが返ってきました。一時的に攻撃的な人でも、小さな家庭的な環境での生活で、周囲の人の顔を覚え不安感が取り除かれれば、ほとんどの人は穏やかになると考えているそうです。

入居者がターミナルを迎えた場合の対応も、ターミナルを迎えたことを理由に他の施設へ移らされることはないという答えが返ってきました。医療的な措置については県の医師や、サービスハウス内の看護婦がペインコントロールを含めて行い、死に対する恐怖を感じている場合は、親族に訪問してもらったり、ケアスタッフがベットサイドで手を握るといった対処をとるといいます。

続いて、利用者の権利擁護について尋ねたところ、ブロークリンテン・グループホームでは、ケアの質を保つために、2年に一度、入居者に施設サービスの評価を実施しているという答えが帰ってきました。入居者の家族は、年に一度ケアについて説明を受けることができるうえ、ケアに不満がある場合、地区のボランティア団体や老人クラブに相談したり、それでも納得しない場合は政治家などに依頼して、ホームと交渉するのが一般的な対処の仕方だそうです。親族のいない利用者には、正式な成年後見制度があるので、それを利用するといいます。施設側も利用者やその家族が独立した第三者に相談が持ちこめるようになっていることがケアの質を高めるうえで重要と認識しているといいます。

4 長期療養病棟を改築したグループホーム

ストゥーレビー・シュクヘム
→105頁参照

施設名　ストゥーレビー・シュクヘム
　　　　（Stureby Sjukhem）
対応者　アン・ペロ介護主任（Anne Perho）
　　　　グニラ・セッテルベリ介護主任（Gunilla Setterberg）

●この事例のポイント

ナーシングホーム（長期療養病棟）をグループホームに改修した事例です。ストックホルム市郊外のエンスケーデ市にあり、中央駅から地下

かつての病院の外壁にガラス張りのバルコニーがついた外観

鉄で約20分のところに位置します。このストゥーレビー・シュクヘムはもともと長期療養病棟として設計されたため、グループホームとして計画するには極めて不利な条件を抱えていましたが、それを見事に克服した設計者の実力はなかなかなものといえます。また、エーデル改革により「患者」が「入居者」に変わり、グループホームに改築されたことで「病棟」は「介護付住居」になりました。

エーデル改革
→113頁参照

こうした変化は介護する側の取り組みや意識にどのような影響を及ぼしたのでしょうか。こうした点も踏まえてこの事例を読み進んでいただきたいと思います。

(1) ナーシングホームからグループホームへの改築

　ストゥーレビー・シュクヘムは、かつては救貧院で、その後病院として利用されていた1930年代の古い病院を、グループホームの集合体として改築した事例です。1992年のエーデル改革以前は県の管轄する長期療養病棟で、往時は500人を超える患者がいましたが、この改革で保健医療福祉が市の管轄に一元化された結果、市立のシュクヘム（ナーシングホーム）になりました。

　施設長も医師ではなく看護婦に代わり、今では実質的に福祉施設とほとんど変わりありません。1997年、建築家オーレ・スーティネン氏（Olle Sutinen）が設計を担当して改築改修を行い、1998年11月9日から新しい施設としてオープンしました。個室化を進めて改築した結果、現在、施設全体で331人が生活しています。

(2) グループホームの居住環境

　建物の全体構成としては、1階は公立図書館の分館、デイサービスセンター、レストラン、および美容室、2階〜4階が痴呆性高齢者グループホーム、5階は身体的介護度の高いターミナル期の患者（主としてガン末期の患者）の緩和ケア用小規模ユニットから成っており、複合的に利用されています。

○各階の構成（105頁参照）

1階：公立図書館分館、デイサービスセンター、レストラン、美容室、リハビリ病棟（5人）

2階：痴呆性グループホーム3ユニット（9人＋9人＋10人）全室個室、合計28人

3階：痴呆性グループホーム3ユニット（9人＋9人＋10人）全室個室、合計28人

4階：痴呆性グループホーム3ユニット（9人＋9人＋10人）全室個室、合計28人

5階：ターミナル期患者の緩和ケア用ユニット　2ユニット（11人＋11人）原則個室（ただし緩和ケアユニットには、一人でいることに不安な人のために二人部屋が用意されている）合計22人

・その他、隣接する2棟にも痴呆性高齢者のグループホームがあり、6ユニット×11人が生活している

　改築前の病院は、暗く長い廊下が建物の端から端まで貫いていました。しかし、改築によって長い廊下を防火扉で区切り、フロア全体を3つのユニットに分けることで、それぞれのユニットを家庭的な規模に保っています。各ユニットには、9〜10室の個室と、キッチン、ダイニング、

窓辺に植物がたくさん置かれています

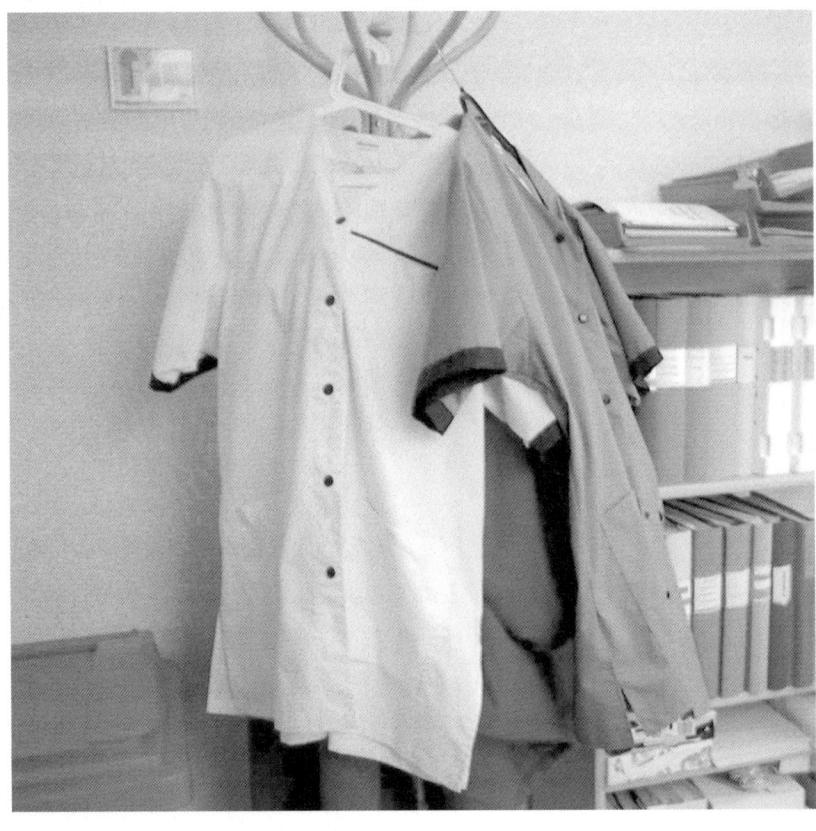

グループホームになって、スタッフの白衣も黄色と青色の仕事着へと変わった

可視性に配慮したパーティションで廊下を分節化しています

地域が良く見渡せるガラス張りのベランダ

可視性
→67, 105, 141, 132頁, 144頁
参照

リビング、倉庫、洗濯室、スタッフルーム等の共用スペースがあり、リビングはガラス張りのバルコニーから入る光で明るくなっています。また、このバルコニーからは、隣接する地下鉄駅のホームを望むことができるため、施設内でも地域とのつながりを感じることもできます。また、廊下の一部にガラスの衝立を使い見通しの利く「たまり」を設けるなど、痴呆性高齢者のビジビリティ（可視性）に考慮しつつ空間を分節する工夫も凝らしています。

　緩和ケアユニットには、一人でいることに不安な人のために二人部屋が用意されていますが、痴呆性高齢者のグループホームは全室個室で、専用のトイレとシャワーが付きます。各個室にキッチンは設置されていないため、グループホームとしては最低限に近い25〜28m²の面積に抑えられていますが、ターミナルまで看取ることを前提としているため、トイレとシャワーのスペースは広く設計され、介助用のリフトも設置できるようになっています。

(3) ストゥーレビー・シュクヘムのケア

　痴呆性グループホームの入居者は、痴呆症以外に何らかの病気を持っていることが多いため、医師は常駐はしていませんが、看護婦が常駐しています。各ユニットの担当看護婦（プライマリーナース）は入居者の生活歴、薬の服用状況、体調を考慮した、ケアプランに基く個別介護を行い、法律で定められた書式でドキュメントを記録するといいます。また、1992年のエーデル改革に伴い、施設長も医師から看護婦へと変わり、看護婦の白衣も、黄色、もしくは青を主体にした「仕事着」に変わっています。

　一方、5階の末期患者の緩和ケア用小規模ユニットでは、痛みの緩和を中心としたケアが行われています。末期患者を主にケアしているため、入居期間は1週間から3か月と短いそうです。各フロアの介護主任である担当看護婦には、特に痴呆専門のカリキュラムを受けた人は含まれませんが、大学で20単位の老年学を修了した人がいます。ケアは組織上、施設長の下に8人の介護主任（全員看護婦）が就き、全体をまとめています。1階、4階、5階が一体的に運営され、スタッフと入居者の比率は、55人の入居者に対してフルタイム換算で52名のスタッフの割合になります。日中は、3つのフロアをそれぞれのフロア担当の看護婦が受持ち、この他、担当看護婦が休みの時をカバーする看護婦も1名いるので、合計4人の看護婦で3つのフロアをカバーしている計算です。夜勤は20時47分から朝7時10分までで、痴呆性高齢者のグループホームの3フロアを夜勤専門の看護婦1名（この看護婦は他フロアも含め78名を担当している）と介護保健士8名で受け持ち、約70名の入居者の世話をします。

この他、作業療法士（OT）、理学療法士（PT）や医師の訪問があるそうです。

夜勤ケアワーカーは、フルタイムの人で、1月（4週間）に換算すると月14回働く計算です。昼間の勤務より手当が良いため、小さな子どもがいたり、昼間学校に通うなど、個人の事情で夜の勤務を好む人が夜勤に就いているといいます。基本給は日勤と同じ月給14000クローナ（21万円）だが、夜勤手当を加えると月給約24000クローナ（36万円）になります。

(4) グループホーム化で何が変わったのか

1992年のエーデル改革以前には回廊式の病棟も多く、痴呆性高齢者が自分の部屋が分からなくなって徘徊したり、その途中で倒れてしまうようなこともあったそうですが、グループホーム（住居）として改築され規模が小さくなってからは、こうしたこともなくなったといいます。「痴呆性高齢者が混乱なく暮らすには小規模な生活が必要である」という認識から小規模化が行われたわけですが、こうした環境は入居者にも概ね評価されているようです。

それでは、グループホーム化はスタッフにどのように受け止められているでしょうか。まず、「病院」から「介護付住居」として位置づけられ、「患者」が「入居者」に変わったため、以前はベルトコンベアー式に患者を診ていたのが、個人として視線を向けるように変わったといいます。また、「患者」が「入居者」に変わったことで、家族の目が厳しくなったのも事実だそうです。厳しすぎるのではないかとスタッフが感じるほど、ケアの中身が問われるようになり、報告しなければならない事項も増えたといいます。こうした変化はスタッフにとっては大変なことですが、ケアの質を確実に向上させたといえます。施設内グループホームの効果といえるでしょう。

しかし、その反面、かつてこのホームが医療施設だった時代から働いてきた職員からは、居住空間が改善され、給料も県の時代よりも上がったにもかかわらず、「エーデル改革は良くない改革だった」との発言が聞かれています。どこの国でも制度改革はいろいろな感情的なしこりを残しますが、こうしたギャップはそれだけこの改革もたらした影響の大きさを物語っています。

建築家の声

ストゥーレビーのシュクヘム（ナーシングホーム、旧長期療養病棟）の改築を担当した建築家・オーレ・スーティネン氏に痴呆性高齢者に適した居住空間についてレクチャーしていただいた。

建築家：オーレ・スーティネン氏　Mr. Olle Sutinen

オーレ・スーティネン氏

グループホームの空間構成

　痴呆性高齢者が混乱しないような居住空間を作るには、さまざまな点に留意しなければなりませんが、ここではそのうち3つのポイントをあげてみたいと思います。アルツハイマー型の痴呆性高齢者のためには、特にその特性を考慮した空間を設計することが重要です。ひとつは長い廊下を作らないことです。長い廊下を作るとアルツハイマー型痴呆の高齢者は自分の部屋の位置が分からなくなり、廊下を行ったりきたりして、意味のない行動を繰り返す結果となるからです。また、入居者が常にケアスタッフの視野に入っているよう、ビジビリティ（可視性）のある共有空間を作るべきです。スタッフは入居者の行動を把握しやすくなり、労働負担が軽減させることになります。さらに、意味のある行動が展開できるように、家庭的な雰囲気（homelike atmosphere）を作ることも重要でしょう。

　こうした居住空間を作るためには、二つの側面から考えることが重要です。第一に、痴呆性高齢者の行動の特性を理解して、彼らが混乱しないようにすることです。第二に、居住空間のあり方が彼らの行為を促進し、サポートするという面も忘れてはならない点です。痴呆性高齢者が自分から主体的に行動することができなくなった時に、どう振舞えばよいのかがよく分かり、意味のある行動への導入を助けることのできる空間を作ることです。

　これらの点に関してストゥーレビーのグループホームでは、色や仕上げの素材、壁紙の種類、トイレのあり方など、いろいろな面で工夫しています。健常者にとって利用しやすいものであっても、痴呆性高齢者にとって認知しにくいものは、不適切なのです。痴呆性高齢者の身体化している記憶を引き出すために、その象徴となっているものを生活空間の中に配置していくことが重要です。特に、彼らが若かった時代に作法として覚えたものは重要です。言いかえると、道具として存在しているが、それが手順を彷彿とさせ、ある文化を思い起こさせるようなものを尊重しなければならないのです。

　自分の作った居住施設でどのようなケアが展開されており、利用者はどのような生活をしているのか、建築家がフォローアップすることはとても重要なことです。本当は建物や居住空間ができあがった時が出発点で、その結果そこに展開される生活やケアを検証してみて、初めて自分の仕事の評価が可能になるからです。空間が人に及ぼす影響は大きいのですが、そのことをケアスタッフが必ずしも理解していないこともあります。逆に今回の改築の考え方をよく理解している人もいるでしょう。しかし、生活よりも医療が優先される長期療養病棟で長いこと働き続けてきた人も多くいます。その人たちの考え方が変わるには長い時間がかかると思います。より良い生活空間を作り、そこに住んでいる痴呆性高齢者の生活をできるだけ豊かなものにするためには、介護の現場と建築家が改築改修のコンセプトについてよく話し合い、常にキャッチボールしながら、問題解決に当たっていかなければならないといえます。

5 高齢者住宅、老人ホームと複合された市営グループホーム

施設名　ノッレゴーデン・グループホーム
　　　　（Norregården gruppboende）
対応者　エルスベス・エリクソン施設長
　　　　（E.Eriksson）

●この事例のポイント

　新設されたグループホームのなかでも、高齢者住宅、老人ホームと立体的に複合された事例として、スウェーデン南部のルンド市に建設された市営ノッレゴーデン・グループホームを見てみましょう。ここでも痴

高齢者住宅、老人ホーム、グループホームが複合的に一体化されています

呆性高齢者のグループホームに始まった生活単位の小規模化が、痴呆でない要介護高齢者の居住環境にも及び、どちらも小さな生活単位にケアを付加する形となっている点と、こうした柔軟な施設運営を可能にする施設の居住水準の高さに注目したいと思います。

(1) グループホームの開設経緯

　ノッレゴーデン・グループホームは、1995年末に開設され、痴呆性高齢者のためのグループホームと、老人ホーム、それにサービスハウスの3つの施設が、立体的に複合された市営の介護付住居です。痴呆性高齢者グループホームに9名、老人ホームに11名、サービスハウスに12名、

合計32名が生活しています。職員の多くは介護保健士で、昼はグループホームを8名、老人ホームを8名のケアスタッフが担当しますが、サービスハウスへは外部からヘルパーが派遣され、夜間は2名の職員がグループホーム、老人ホーム、サービスハウスの宿直を受け持つそうです。今年からグループホーム、老人ホーム、サービスハウスの3つの施設の会計が一本化され、年間600万クローナ（約9000万円）で運営されているといいます。

（2）ノッレゴーデン・グループホームの居住環境

グループホームは建物の1階にあり、リビングルーム、台所、ダイニング等からなる共用空間は、L字型のプランの真ん中に配置されています。共用空間のインテリアはグループホーム開設時に専門のインテリアコーディネーターによってデザインされていますが、リビングの端には亡くなった入居者から寄付されたアンティークの家具も置かれています。

11室ある各入居者の居室には収納型キチネット、シャワートイレが付いて、広さは約34m^2。また、グループホームの上階に併設された老人ホームも、グループホームと同じ平面構成で、入居定員は11名と、グループホームと共通する点が多いのも特徴です。唯一の違いは、老人ホームが身体介護は必要とするが痴呆ではない高齢者であり、グループホームは痴呆性高齢者を対象としている点、および、暗証番号の示さ

リビングルームの昼下がり

れた電子鍵が設置されている点です。暗証番号の表示は法律により義務付けられており、番号が表示されていないと高齢者が閉じ込められていて、人権が侵害されているとみなされるといいます。歩道に面した共用リビングからは道行く人を眺めることができます。この他、サービスハウス12戸が3階に併設されています。

(3) ノッレゴーデン・グループホームのケア

ノッレゴーテン・グループホームは定員9名に対して、職員は8名（うち4名が常勤、4名が非常勤）で、朝4名、昼2名、準夜勤2名、夜間2名の職員体制で運営されています。夜間の2名はグループホームと老人ホームの宿直だけでなく併設されたサービスハウスのナイトコールも受けるそうです。施設長は看護婦ですが、職員の多くが介護保健士です。医師は常駐していませんが、必要に応じて病院に連絡したり、地区診療所の担当医の往診を受けることができるそうです。

また、施設全体でも32名と小規模なためこの施設には厨房が付いておらず、こちらのメインとなる昼食に限って、市内の他の老人ホームから購入し配食サービスを受けています。このため、昼になると保温装置の

長年住んできた住宅そのものといった感じ。これも痴呆性高齢者の居室です

ついた配食ワゴンがグループホームに届けられます。現在、入居者の痴呆の程度が進み、食事作りへの参加は難しいので、食後の後片づけなどに入居者にも参加してもらっているといいます。また、起床や就寝時間も決められておらず、それぞれの入居者の生活リズムに合わせたケアが行われています。

一方、家族が訪問し、入居者と散歩を楽しむこともよくあるといいます。私たちの視察中も、男性の入居者の妻がホームを訪れ、二人連れ立って外出し散歩を楽しんでいました。

この施設でも居住の継続性を大きな理念として掲げているそうですが、一度だけ、他の入居者を殴るなど極度に攻撃的だった前頭葉型痴呆症の入居者に、精神病院の前頭葉型痴呆症の専用ユニットに移ってもらったことがあったといいます。

ルンド大学のオールンド教授、アルフレッドソン女史による、この前頭葉型専用のユニットとはサンラーシュ精神病院（St. Lars Hospital）の7名用のユニットで、女医のウッラ・パサント（Dr.Ulla Passant）氏の指導のもと運営されていました。サンラーシュ精神病院は統廃合により、今は中央病院に併合されたので、おそらくこの前頭葉型痴呆症専用のユニットはそこで継続されているのではないかということでした。ピック病など前頭葉型の痴呆症の高齢者は最も対応が難しく、全員ということではないのかもしれませんが、スウェーデンでも他の高齢者から隔離しなければならない状況です。すなわち着衣を脱いでしまったり、洗面器に小用を足してしまったり、極度に攻撃的な行動があったりして、一般の高齢者とは共同生活が成り立たないことがその理由だといいます。その結果、彼らは一生をこの専用ユニットで過ごすそうです。オールンド教授の知る限り、こうした前頭葉型痴呆症専用のシュクヘムは、他にオーレブロ市に専用のものがひとつ存在し、また、他にいくつかのシュクヘムに専用ユニットがあるそうです。

このホームとしては、アルツハイマー型の高齢者と脳血管型の高齢者では、症状にも違いがありケアスタッフに要求される知識も自ずと異なるので、可能であればアルツハイマー型の高齢者と脳血管型の高齢者ユニットを分けた方がよいかもしれないと考えているそうです。

(4) 入居者の生活

グループホーム入居者の平均年齢は約80歳だといいます。食後の後片づけなどは入居者とケアスタッフが一緒に行うなど、できる限り残存能力を活かしながら、個々のペースにあわせた生活が送れるように配慮されています。

痴呆でない老人ホームの入居者は本を読んだり、友人を呼び込むなど

自室で過ごす時間が長いのに対して、グループホームの入居者は自室よりも共用空間で過ごす時間が長いといいます。しかし、居室には想い出の家具や写真が持ち込まれ、家族が電話機を設置しているケースもあります。また、居室内のキチネットはあまり利用されていませんが、備え付けの冷蔵庫は夏場に飲み物を冷やすために利用されているといいます。

(5) ノッレゴーデン・グループホームの特徴

併設された老人ホームも昼食を市内の他の老人ホームから購入する点や、居室や共用空間の造り、高い職員配置率など、グループホームと共通する点が多く見られました。

また老人ホームにも痴呆性高齢者が入居しているそうですからグループホームと老人ホームの違いは、入居当初から痴呆であるかどうか、また、エントランス部分に鍵が掛けられているかどうかが異なる程度といえます。しかし、どちらにも共通して言えることは、居住の継続を非常に重視している点です。視察した時点で、老人ホームにいる痴呆性高齢者1名についても、リロケーションダメージを考慮し、老人ホームで対応できる限りグループホームへ

保冷保温機能のついた配食用カート

居室の中のキチネットには扉がついています

の入居は考えていないといいます。なおグループホームの人員配置率は老人ホームよりも若干高いのですが、ケアの費用は収入に応じて決まるため、職員配置率が高いからといって費用負担が高いとは限らないそうです。

　小規模な生活単位（ユニット）を分散させて施設全体を構成する方法により、大規模施設であっても集団的な処遇にならないよう配慮された特別養護老人ホームや老人保健施設等が注目されていますが、スウェーデンにおいてはすでにこうした取り組みが随所で実践されているのです。

　痴呆性高齢者に適した居住環境は、痴呆でない要介護高齢者の生活の自立をも促し、満足度も高め、好ましいはずです。財政的な状況が許すなら、もちろん、痴呆でない高齢者にとってもこうした環境が望ましいでしょう。しかしわが国ではそうした環境が不可欠な痴呆性高齢者に対してさえ、グループホームを十分に提供することができない現状があります。少規模で家庭的な施設環境に対する国民的コンセンサスや財政基盤のない我々日本人にとっては、スウェーデンの高齢者を取り巻く環境は、何とも羨ましい限りです。

6 民間の建物を借り上げたグループホーム

施設名　バスーネン・グループホーム
　　　　（Basunen gruppboende）
対応者　モニカ・ブロンベリィ（介護保健士）
　　　　（Monica Blomberg）

●この事例のポイント

　民間ディベロッパーが建物を建て、それを市が借り受け、民間に運営委託を行っている事例として、バスーネン・グループホームを見てみま

集合住宅の中に全くとけこんだ外観です

しょう。老人ホーム、サービスハウスに併設されたこの事例では、居室のキチネットに対する考え方に、スウェーデンの街づくりに対する長期的な展望を見ることができます。

(1) グループホームの概要

　マルメ市西地区の住宅街に1995年に開設された4階建てのバスーネン・グループホームは、民間不動産会社の所有する土地・建物をマルメ市が借り上げ、民間に運営を委託しています。痴呆性グループホームと老人ホームは同じ建物ですが、それ以外にも敷地内にサービスハウス4戸が併設されています。他の事例と同様にグループホームも介護付き住居ですから、入居者は介護にかかる費用、食費の他に、周辺の賃貸住宅と同等の家賃を負担しています。

(2) バスーネングループホームの居住環境

　建物の構成は、1・2階に老人ホーム、3・4階に痴呆性グループホームが配置され、1～3階にそれぞれ11名、4階に5名が入居しています。2・3階のプランはL字型で、中央にキッチン、リビング、居間等の共用空間があります（このうち、2階の一室（24㎡）はレスパイトケア用

レスパイトケア
家族介護者の一時的休息のためのケア形態

廊下の端部に設けられた見晴しのよいデイルーム

の居室として利用されています）。また、4階の痴呆性グループホームは、1～3階よりも小さく、5居室が一列に並ぶ配置で、端部に共用空間が配置されています。廊下の一角には椅子とテーブルの置かれたコーナーがあり、周辺の住宅街や店舗まで臨むことができます。

　各居室にはトイレ、シャワー、キチネットが設置され、面積は約35～40㎡です。痴呆性グループホームの居室に設置されたキチネットは、入居者からほとんど利用されていないそうです。このため、痴呆性グループホームの居室にキチネットが必要か聞いたところ、マルメ市の「お年寄りのための未来の住宅」プロジェクト担当者によると、将来、痴呆性グループホームの需要がなくなれば学生寮などへ転用することになるので、不良住宅ストックを増やさないためにも各居室のキチネットは必要という答えが返ってきました。

　また、痴呆性高齢者にとって安心できる家庭的環境の重要性が認識されているため、テーブルの使いやすさ、ソファーからの立ち上がりやすさなどの人間工学的な側面のみならず、色彩や内装、家具の色などが設計時に考慮されたと言います（例えば、スウェーデンの伝統的な家具の雰囲気を出すため、白木の家具ではなく色味の濃い家具を選んでいるそ

ベッドにはクマのぬいぐるみが

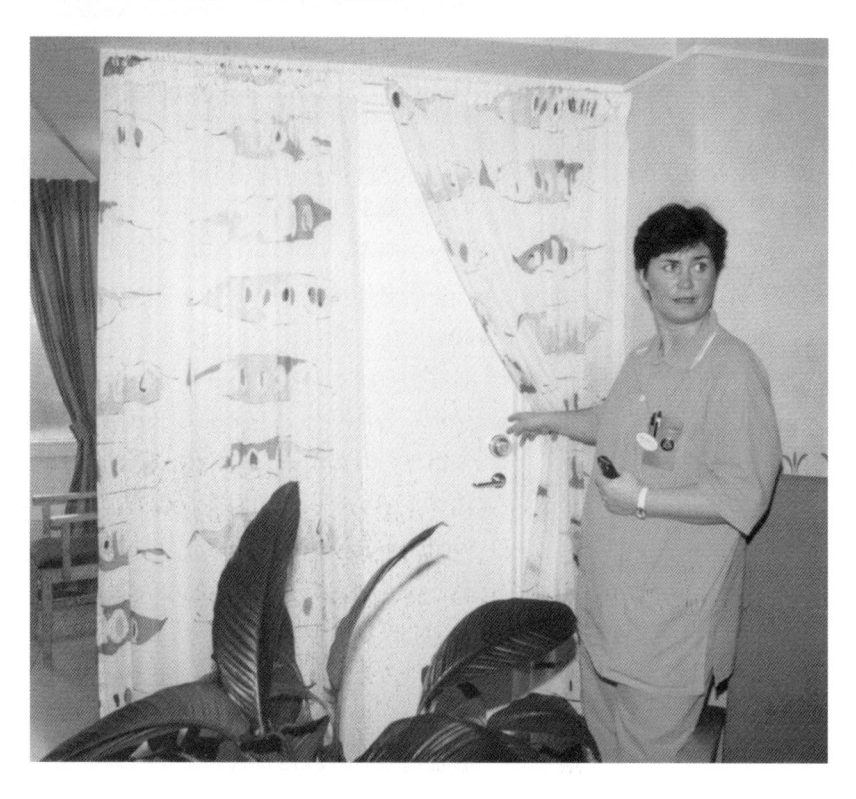

非常用階段を隠すカーテン

うです)。また、入居者が廊下の防火扉を開けたがるため、防火扉をカーテンで覆い視覚に入らないような工夫が施されています。各フロアの玄関には、痴呆性高齢者が間違って外に出ないように暗証番号を記した電子錠がある他、玄関脇のポストは入居者各自のもので、家族が訪問する際に中身を確認できるようになっています。

(3) ケアの特徴

　老人ホームと痴呆性グループホーム併せ夜勤を含めた職員数は常勤換算で32名（うち男性は数名）。痴呆性グループホームでは各階昼4～5名、准夜2名、夜勤2名（3・4階兼務）の勤務体制です。昼間の職員数は老人ホームの職員数8名に対して痴呆性グループホームは10名と若干、多くなっています。職員の約90％が介護保健士の資格を持ち、夜間は夜勤専門のスタッフ2名が3・4階を兼務するそうです。このように夜勤専門のケアスタッフ数が限られているため、入居者の何人かはセンサーを付け、ベッドを下りると職員のポケットベルに部屋番号が表示されるシステムを利用しているといいます。

　食事は入居者の意見を聞きながら1週間毎にメニューを決め、各ユニット毎に全て職員が作るそうです。じゃがいもの皮むきなど簡単なことは入居者も時々参加します。また、なるべく外出するように心がけており、多い人は毎日外出するそうです。また、クリスマスなどの祝日には、グループホーム全体で盛大なパーティーを開くといいます。

廊下から中の様子が良く把握できるリビングルーム

(4) 入居者

　入居者は最高齢で96歳、最も若くて69歳。中度の痴呆に限らず、家族と相談したり本人の状況を考慮し、重度の痴呆でもグループホームの生活に意味を見いだせるような場合は入居が可能といいます。待機リストの中から最も必要性の高い痴呆性高齢者が入居するため、結果的に3階と4階のグループホームユニットに入居者の痴呆程度の差は見られないそうです。居住の継続性を重視し、可能な限り居住の継続が保障できるよう努めるため、痴呆が進行したためにグループホームから転居した事例はないといいます。住居なので電話を設置できるのは当然で、現在グループホームの入居者の3人が居室に電話を置いているといいます。

(5) キチネットと家賃負担

　グループホームも介護付き住居であり、収入に応じた家賃補助があるとはいえ、入居者は共用空間を含む居室部分の面積に応じて（グループホームのスタッフルームについては市が家賃を負担する）、周辺の賃貸住宅相場と同等の家賃を支払っています。近年スウェーデン経済が上向きになるのと平行して、マルメ市西地区周辺の家賃も上昇傾向にあるため、グループホームの家賃をいかに抑えるかが課題となっているそうです。

　家賃を抑制するには共用空間を含む居室面積を低く設定する必要があると言えます。しかし、痴呆性高齢者にとって1日の多くを過ごす共用空間は極めて重要であり、共用空間の面積は減らすことができません。となると、どうしても居室面積を削減せざるを得なくなります。

　近年キチネットを付けないグループホームが出てきた背景には、使われないからではなく、家賃の抑制という側面が大きいといいます。しかし、マルメ市の担当者はキチネットの付いたグループホームを建設する方針だとはっきりと明言しました。この建物も、50年先にはひょっとすると学生寮として使うことになるかもしれない。今、キチネットのない住宅を造れば、将来何にも転用できない社会的な不良ストックを作ることになるというのがその答えでした。

　こうした言葉に、住宅を福祉の基盤として据えているスウェーデン社会の哲学を垣間みることができます。わが国ではかくも長期的な視点を住宅や福祉施設に持ち合わせているとはいえません。古くなったサービスハウスをグループホームに改築した事例をすでに紹介しましたが、グループホームが住宅として使われるかもしれないというのです。50年先を見据えたこの発言は、今回スウェーデンのグループホームを訪問した中で最も驚いた言葉のひとつです。こうした発言は、スウェーデンにおいてグループホームが「施設」としてではなく「住宅」として造られていることをうまく示しているといえます。

7　高齢障害者住宅の中のグループホーム

施設名　ヴィスヘッテン・グループホーム
対応者　ブリッタ・クルーズ氏（マルメ市建設局）
　　　　（Britta Kruuse）
　　　　ブリット・ルイーズ・エリクソン氏（建築家）
　　　　（Britt-Louise Eriksson）

●この事例のポイント

　この事例では、マルメ市内西地区に現在建設中のグループホームを含む複合居住施設を取り上げ、設計者自身からグループホームを計画する上で配慮した点を伺っています。この事例から学べることは、色彩にしろ空間の配置にしろ、スウェーデンでは、痴呆性高齢者をはっきりと

工事中の外観

「認知障害者」と位置付けて、科学的な根拠に基づいてグループホームを作ろうとする視点です。わが国でも、これまでグループホームを居心地良い空間にするさまざまな努力がなされてきていますが、痴呆性高齢者を認知障害者としてとらえ、科学的にアプローチしていく考え方は、残念ながら広く行き渡っているとは言い難いといえます。
　こうした点に注目してこの事例を読み進めていただきたいと思います。

(1) 概況

　この建物は、マルメ市の建設局によって建設され、運営もマルメ市が行う予定のグループホームです。市街に位置し、緑の多い住宅地に建設されていて、南側には交通量の多い道路が、北側には公園が位置しています。

　建物全体は必ずしも「痴呆の人のため」に設計されたグループホームではなく、身体障害の高齢者用に計画し「痴呆の人でも」住めるようにと配慮されているものです。2フロアは痴呆性高齢者用のグループホームに充てられる予定で、設計当初は痴呆性高齢者用のグループホームとしては11人の定員は多いと考え、各フロアのユニットをガラスで仕切り、ワンフロアを2ユニットとして運営できるように計画したといいます。現在、施工の段階では、その仕切は設けられていませんが、今後、実際

まだガラスパーティションの建て込みや家具類の配置をする前のリビングルーム

に運営していく中で設けられていくことは十分に考えられるといいます。

(2) 居住環境

　4層のこの建物には、全部で47の居室があります。各フロア毎に、4グループに分けられ、各フロアの定員は11〜12名となっています。1階には2人部屋が一部屋設けられている他は全て個室になっています。

　グループホームは通常8名くらいで構成されることが多いので、やや大きめのグループ構成といえます。居室の面積は32m²で、トイレとシャワー、キチネットを備えています。

　道路側に面してはバルコニーが設けられていますが、こちら側は、道

活発な通りが見渡せる側のリビングコーナーとバルコニー

　路からの人や車の動きを感じることができるアクティブ・サイドとして計画され、またガラスで仕切られた、北側バルコニー部分は静かな、落ちつきを与えるサイレント・サイドとして計画されているそうです。
　このグループホームで特徴的なのは、「色彩」に対する配慮が多くされている点です。たとえば、各フロアの壁紙はそれぞれ黄色、青色、緑色、ピンク色で統一されています。また各々の居室の壁紙も、部屋によって白、緑、黄色、ピンクなどに色分けし、痴呆性高齢者が間違えた部屋に入ったことを色から感じ取れるように配慮されています。また、痴呆性高齢者は比較的青い色の部屋を好まないという傾向があるので、居室では青色の使用を避けているといいます。こうした色彩に対する配慮は、スウェーデン王立工科大学のソルベイ・フリーデル女史による「光と色」という文献が参考にされており、痴呆性高齢者であっても、色彩による空間認識の手がかりを与えようと配慮した結果だといいます。特に痴呆性高齢者にとっては黄色が一番好ましい色ではないかと考えているそうです。
　また、バルコニーへ通じるドアなどは十分な幅があり、車椅子、ベッドでの搬送が可能なように設計されています。共用空間はゆったりと設けられていますが、L字型に構成されているので、空間全体が見渡せる形ではなく、落ちついた雰囲気になるような配慮がなされています。また、居室部分と共用空間部分が明確に領域分けしているので、生活の中での公私空間のメリハリが付くようになっています。居室前のセミプラ

高さの変わるキッチン

使いやすい手すりのデザイン

　イベート部分がどのように使われていくかは非常に興味深い点ですが、共用空間から見て突き当たり部分が両側の居室のドアで隠れてしまうので、そこに家具をおいたり壁面を飾れない点が残念に思われました。
　各居室のトイレ、シャワー、キッチン等の設備は車椅子対応で、シャワー室の洗面台も高さの調節が可能といいます。また、便器の後方部分に隙間を持たせ、背後からの介助が可能なようにも配慮されているということです。開設後のケアや運営について聞いたところ、不確定な要素が多いが、各フロアが独立してグループホームとして運営され、専属の職員を持ち、夜間に関しては、2名程度の職員で4つのフロアを担当するようになるのではないかという答えでした。

8 痴呆ケア研修センター

研修所名　シルビアホーム
　　　　　（Silviahemmet）
対応者　バルブロ・ベック-フリース（東ゴットランド県医学顧問およびシルビアホーム所長）
　　　　（Barbro Beck-Friis Gustaf III　Professormed.dr）

●この事例のポイント

　シルビアホームは、御自身痴呆症になった母親を献身的に介護したこ

痴呆性高齢者ケアに特別に力を入れておられるシルビア王妃

かつて男爵邸であったシルビアホームの外観

とでスウェーデン国民に親しまれているシルビア王妃が、痴呆性高齢者ケアの理論と実践を教育し、優れたリーダーを養成することを目的として、1995年に設立した非営利の財団により運営されているデイケアセンターを併設した痴呆ケア研修センターで、スウェーデンにおける痴呆性高齢者介護の理論的指導者であり、グループホーム「バルツァゴーデン」の開設者として著名なバルブロ・ベック-フリース女史が所長を務めています。訪問した1999年3月は、ちょうど3年間の実験プロジェクトを終えた時期にあたり、研修生の受け入れは行われていませんでしたが、1999年9月から研修を再開するためにその準備を行っている時期でした。研修期間は一年間で、一度に6～8名の研修生しか受け入れません。そのため、3年間に送り出した卒業生はわずか18人。一見非効率的に見えるが果たしてどうでしょうか。この事例では、シルビ

アホームの目指す痴呆性高齢者ケアについて考えたいと思います。

(1) 研修所の概要

　ストックホルム郊外にあるシルビアホームは、痴呆高齢者ケアの研究と実践に取り組む研修センターです。静かな丘陵地に建つ建物は、かつては中庭のある美しい男爵邸でした。その中庭をアトリウムとして改修し、デイケアセンターを併設した痴呆ケアの研修センターとして活用しています。高窓が巡らされた美しいアトリウム部分は、食事やデイケアに利用されるやや広めの空間です。痴呆性高齢者のニーズは一人ひとり異なるので、いくつかの小グループに分かれて使えるようにやや広めになっているそうです。

　そのアトリウムを取り囲む形で、講義室、キッチン、リビング、加えてショートステイに使う2つの居室と、訪問者用の宿泊室が設けられています。デイケアセンターに通ってくる高齢者の定員は6名で、デイケアは夏休み中やクリスマス以外、週3日開かれています。地元の痴呆性高齢者だけでなく、医師の紹介でストックホルムから来るケースもあるため、ショートステイ用の居室も用意されていて、夜勤の職員の人件費を負担すれば宿泊することもできるといいます。

　また、研修生の多くは実際に痴呆性高齢者を介護する現場で働いた経験のある介護保健士やケアワーカーだといいます。シルビアホームで一年間の研修を受ける期間の手当は、運営財団から奨学金が支払われるそうです。ただし、3年間のプロジェクトが終わったので、1999年9月からは研修生を送り込む企業や自治体側が有給休暇として扱い、企業や自治体から給料を支給されながら研修を受ける形になるといいます。研修期間の間、研修生はシルビアホームと協力関係にある老人ホームの職員住宅に宿泊します。教師は、バルブロ・ベック-フリース女史の他、病院勤務のスタッフ、介護哲学の研究者、大学の緩和ケア科のスタッフの3名だそうですが、その時々に必要な講師を外部から呼ぶため、こうした講師も含めると教師が何名なのか答えにくいという答えが返ってきました。

ハイサイドから光が注ぎ込むアトリウム

暖炉が中央に据えられたダイニングルーム

(2) 研修内容

　研修を受けられる人数は1年に6名と限られています。このため全国の応募者が面接で選ばれ、1年間かけて痴呆性高齢者を介護するための理論と実践を学びます。

　シルビアホームの特徴は、併設されたデイケアセンターでの研修を通じて、実際の現場から知識と経験を学ぶ点です。研修生はデイケアセンターを訪れる痴呆性高齢者に接するなかで、自ら問題を設定し、グループで議論し、試行錯誤を繰り返すことを通して現実に起こる様々な問題を解決してゆくのです。その特色は、①問題解決型の実践教育（問題解決型の教育手法は、もともと医者の教育のためにカナダのマクマスター大学で開発された手法といいます）、②つねに問題を意識する姿勢を条件反射的に身につけさせる、③1日1人の痴呆性高齢者に集中させる、④より高いレベルに到達したいとする学習意欲を促す、⑤様々なバリエーションを繰り返す、⑥介護哲学を持たせる、の5点です。これにより単なる知識の詰め込みではなく、状況判断することのできる力をつけることができると考えられています。

つまり、古い教育が先生が知識を教え、それを生徒が受け止めるといった形であるなら、ここでは、生徒自ら問題を設定し、答えを追求していくのです。教師は生徒が問題解決の方法を見つけると、さらに高いレベルに引き上げるための質問を行います。必要があれば、カリキュラム以外に生徒が必要とする知識を持つ講師を探し、その時点で必要とする知識に触れられるようにするそうです。加えて、研修生には常に痴呆性高齢者を一対一で担当することを通して、集中力を学ばせるといいます。こうして1年間の研修を通じて、研修生は実際のケアからチームワークまで学ぶことになりますが、それは単なる知識や理論に終わることのない、人間力の形成と言い換えることができるかもしれません。

また、デイサービスにおいては、①症状、②コミュニケーション、③チーム、④家族、⑤環境の5つのポイントを重視しているそうです。①症状については言うまでもありませんが、1日1人の高齢者と向き合うことで、怒っている、攻撃的、うれしい、幸福そう、不安がっている等、高齢者の状態を読みとる力を培い、さらに、なぜそうなのか背景を考える力を身につけます。また、1日1人の高齢者と向き合うことから、②コミュニケーションの取り方も学ぶことができると考えているとのことでした。長い間、施設で働いてきた介護保健士でも、じっくりと高齢者に向き合う経験を積んでいない人は、コミュニケーションの取り方やその痴呆症との関係を理解していない場合が多いそうです。

シルビアシスターの称号を取得したヨーナス・オルロフソンさん

また、③コミュニケーションを良くするにはチームで対処することも重視するそうです。丸1日1人の高齢者に対処することで、チームで取り組むことの重要性に気づき、さらに④自分が6時間ケアするだけで大変なことが分かると、親族が24時間働くことのそれを理解できるようになるといいます。最後に、⑤記憶やオリエンテーションが不足している痴呆性高齢者を環境が手助けできているのか、考えるトレーニングを積むそうです。

　また、痴呆症の介護に必要な医学や心理学の専門知識については、イギリスのミドルセックス大学で作成されたテキスト（インターネットで公開されている）を使用し、大脳生理学から痴呆の症状まで、幅広い知識を学ぶといいます。

　研修を終えた生徒にはシルビアシスターズの称号が与えられます。これまで3年間で18人が卒業し、そのうち16人が痴呆介護の現場で働いています。痴呆性高齢者の介護については全国的にも関心が高いにも関わらず、研修できる生徒の数は限られています。しかし、こうした研修内容から分かる通り、その教育の目指す理想は非常に高いといえます。研修を終えたシルビアシスターズが元の職場や地域へ戻り、痴呆介護の新しい指導者になる。その結果、一滴の滴が大海に広がるように、ここでの成果が全国に普及していくことをめざしているのです。

資料編

1. わが国における痴呆性高齢者向けグループホームの現状

わが国における痴呆性高齢者向けグループホームの現状について、入手可能な資料から、運営主体、施設形態と運営形態、人員配置、利用料についてみてみましょう。

1）グループホームの運営主体

1999年3月末現在、痴呆対応型老人共同生活援助事業、いわゆる痴呆性高齢者グループホーム事業は、103施設、87市町村で実施されています。その利用定員は813名、平均利用定員は7.9名であり、事業実施主体の内訳は、市町村3、社会福祉法人68、医療法人30、財団法人2と社会福祉法人が多くを占めています。

1998年3月末時点での実施状況は、41施設、35市町村、利用定員は329名ですから、この1年間でのめざましい普及ぶりがうかがわれます。事業実施主体の別にみると、1998年3月時点の運営主体が、市町村2、社会福祉法人31、医療法人8であったことから、社会福祉法人や医療法人によるグループホームが急速に増加していることがわかります。

グループホームを運営している社会福祉法人の多くは、従来から特別養護老人ホームで高齢者ケアに取り組んできた運営主体です。こうした法人が新たにグループホームを始める背景には、既存の物理的、人的枠組みにおいては、痴呆性高齢者のケアが十分に行えないという現実があります。

また、1997年度から社会福祉法人以外に、医療法人に対しても市町村がグループホーム事業を委託できるようにグループホーム事業の実施要綱が改正され、グループホームの運営に新たに医療法人が加わるようになりました。医療法人がグループホームの運営に乗り出す背景には、痴呆に関しては薬による治療に限界があること、加えて、高齢者福祉施策が施設ケアから、次第に在宅ケア重視へとシフトしつつあるという現実が挙げられます。

一方、介護保険制度では、痴呆対応型老人共同生活援助事業の実施主体が市町村に限定されず、民間企業もグループホーム事業に取り組めるようになります。今後は民間ボランティアに加えて、民間企業もグループホーム事業に取り組む動きが活発化すると考えられます。

2）グループホームの施設形態と運営形態

これまで長い間、グループホームの施設整備に対する国庫補助や施設基準がありませんでした。したがって、グループホームとして新築される建物は少なく、むしろ既存の特別養護老人ホーム、民家等を改修してグループホームとして利用するケースが多く見られました。このため、グループホームには、新築から改築まで様々な建築形態が見られます。また、運営についても、民間のボランティアによる宅老所から発展したグループホームから、痴呆性高齢者向けグループホーム事業の事業認定を受け、社会福祉法人や医療法人が運営するケースまで、さまざまです。

ここでは、グループホームの類型化を試みるために、資料を参考にして、グループホームが「母体施設との複合運営」か「単独運営」か、また、建築的に「母体施設に併設している」か「独立している」か、という2軸で分類し、それぞれの特徴をまとめます（図資−1）。

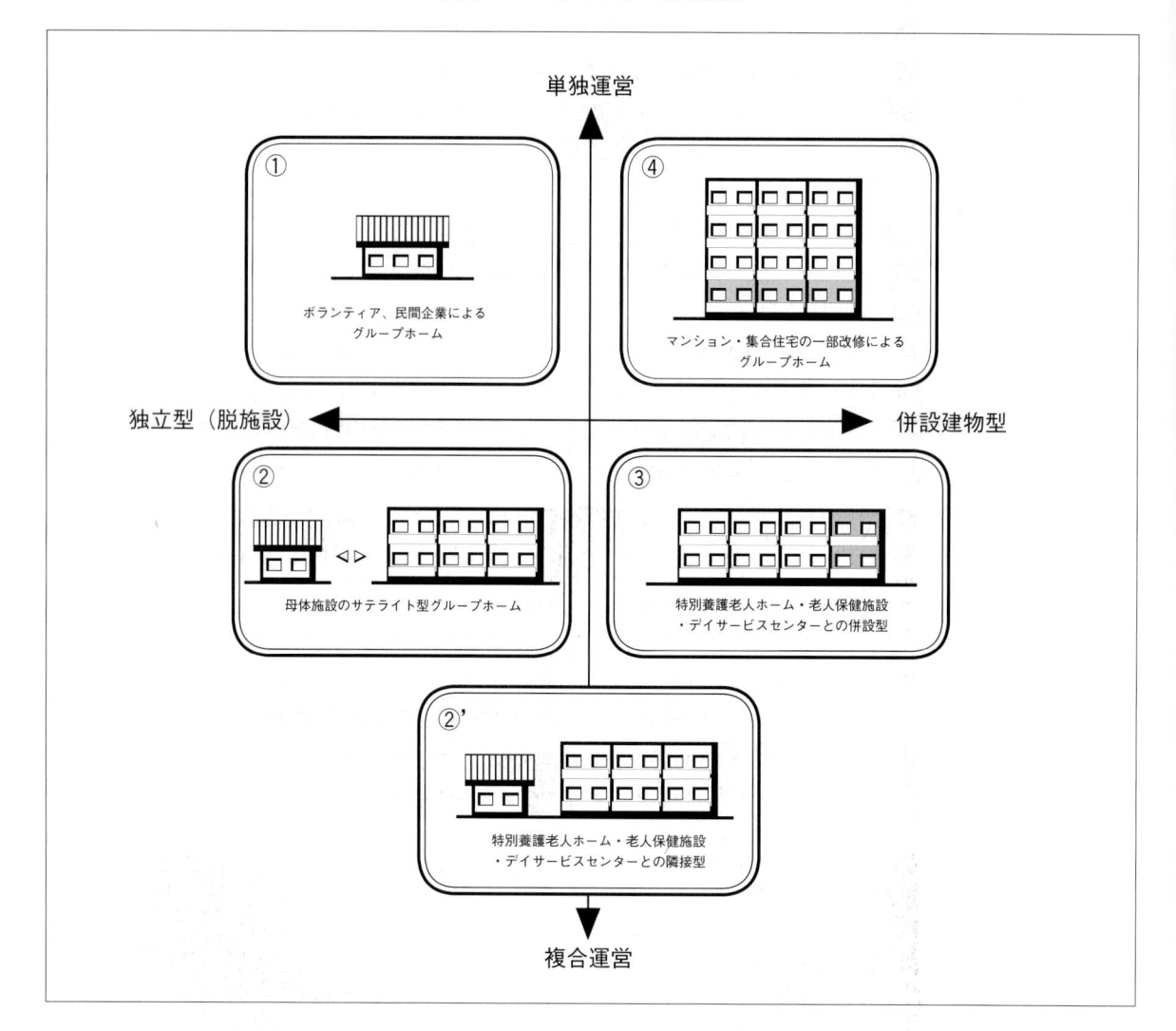

図資-1　グループホームの類型

```
                        単独運営
                          ↑
   ①                      │   ④
   ボランティア、民間企業による    │   マンション・集合住宅の一部改修による
   グループホーム             │   グループホーム
                          │
独立型（脱施設）←─────────────┼─────────────→ 併設建物型
                          │
   ②                      │   ③
   母体施設のサテライト型グループホーム │   特別養護老人ホーム・老人保健施設
                          │   ・デイサービスセンターとの併設型
                          │
            ②'            │
            特別養護老人ホーム・老人保健施設
            ・デイサービスセンターとの隣接型
                          │
                          ↓
                        複合運営
```

①母体運営施設がなく、単独で立地（グループホーム単独・母体施設なし）

庭などの屋外空間を確保しやすく、建物が小規模であり、「家庭」に近い環境を得られます。大規模な敷地を必要とせず、また母体施設からの距離に制約がないため地域に点在できるという利点がありますが、一方で母体施設がないため、マンパワーの確保や、経営面で融通が付けにくいというハンディもあります。個人やボランティアグループ、民間企業などがグループホームを運営する場合がこれに該当するでしょ

う。現在では民家改修型が多いといえます。

②母体運営施設があり、単独で立地（グループホーム単独・母体施設近接）

この形態は、特別養護老人ホーム、老人保健施設、老人デイサービスセンターなどに併設されるサテライト型グループホームといえます。庭などの屋外空間を確保しやすく、建物が小規模で「家庭」に近い環境を得られます。また、大規模な敷地を必要としないため、大規模な施設に比べ用地の確保が容易といえます。母体施設から人員の行き来が容易な距離内であれば、

医療・介護面のバックアップを受けられますし、母体施設のマンパワーや行事で使う備品等の支援も得られます。

②' **母体運営施設への隣接型（グループホーム単独・母体施設隣接）**

②と③の中間に位置するケースです。母体施設の敷地内や母体施設に隣接した敷地に、グループホーム単体として建設されるケースで、母体施設の医療介護面、運営面でのバックアップを得られるメリットが挙げられます。また、母体施設と切り離して建設できるため、建築的には「家庭」に近い環境を得ることができますが、その一方で母体施設内あるいは母体施設に隣接するため、地域よりも施設とのつながりが強くなる点も懸念されます。

③ **母体運営施設の一部改修又は母体運営施設への併設型（母体施設併設グループホーム）**

母体施設の敷地内に建設するため、新たに土地を購入しなくてもすみます。また、備品面、経営面以外に、医療・介護面や、夜間の宿直など、通常マンパワーの確保に苦労する点でも、母体施設からの支援を得ることができます。施設を運営する側から考えると、グループホームを始めやすい条件が整っているといえます。しかし、母体施設に併設するため、グループホームも「施設」の一部に組み込まれ、本来の家庭的な運営が損なわれてしまわないように気を付ける必要があります。

④ **他施設（集合住宅等）に併設**

集合住宅のワンフロアをグループホームに転用したり、ビルにテナントとして入居する形態です。用地確保の難しい都心部においてグループホームを開設できるメリットがあり、都市部でグループホームを展開するうえで有効な手法と言えます。庭などの屋外空間の確保は難しい一方、町中に立地できるため、地域コミュニティやボランティアと連携を取りやすいというメリットがあります。母体施設がないため、医療介護面でのバックアップや、経営面で融通が付けにくいのも事実ですが、地域の人的資源を活用することでこうしたハンディを乗り越えられるのではないでしょうか。

厚生省の痴呆対応型老人共同生活援助事業の認定を受けた103施設（運営主体の内訳、市町村3、社会福祉法人68、医療法人30、財団法人2）は、基本的に母体となる運営主体を有していることを条件に、自治体から委託を受けています。このため、①か④の区分は、民間のボランティアグループの運営するグループホームといえます。

一方、新規に建設したグループホームなのか、民家や施設の一部を改修したグループホームなのかという視点から『平成7年度 痴呆性老人のためのグループホームあり方に関する調査研究事業報告書』[3]で取り上げられた17施設を分類すると、民家・施設の改修転用型が（民家を改修したタイプが10施設、特別養護老人ホーム併設の診療所を改修したものが1施設、特別養護老人ホームの元看護婦寮をグループホームに改修したものが1施設）、グループホームとして設計されたタイプが5施設と、既存民家・施設を転用したグループホームの方が多くなっています。平成10年度からグループホームの施設整備費が国庫補助対象となったので、今後は新規にグループホームとして建築されるケースが増加していくと予想されます。

3）グループホームの人員配置

厚生省の補助基準では、「グループホームは、痴呆性老人の特性等に適切に対応するため、日中については、利用者に対して3：1の割合で職員を配置すること」とされています。また夜間については「常時1名以上の職員を配置するなど、職員が空白となる時間帯が生じないようにすること」と定められています。

グループホームの定員は、5人以上9人以下とされています。利用者が最低の5人の場合で、「日中については、利用者に対して3：1の割合で職員を配置する」と、2人の職員が日中勤務し、他に1人の職員が夜勤に当たり、最低3人の職員が必要です。けれども、職員3人では、1日の勤務時間が8時間を超えるだけでなく、夜勤が多く休日の確保が十分にできません。職員の休暇を考慮すると、最低でも5人の職員が必要となり、スタッフと利用者との比率は最低1：1になります。

「平成7年度痴呆性老人のためのグループホームの運営に関する調査研究事業報告書」によると、調査対象とした17施設の中で、スタッフと利用者との比率が0.8～1.3：1のグループホームが7施設、1.7～2.0：1のグループホームが5施設、3.0～3.7：1のグループホームが3施設、4.0～6.0：1のグループホームが2施設とされているように、職員の配置で苦労している様子が伺えます。こうした職員の不足は、母体施設の職員や、ボランティア等の支援を受けて解消しているケースが多く見られます。グループホームの施設整備費が、特別養護老人ホームやデイサービスセンター等との併設に限って認められたり、複数ユニットの合築が認められている背景には、上記のような人員配置の問題があります。

グループホームは、特別養護老人ホームなどの大規模施設に比べ、職員の融通が効きにくいというデメリットがあります。しかし、グループホームでは、生活指導員や相談員などの職務上の区別に関係なく、実質的に必要とされるケアをそれぞれの職員が自分で考えて行動しなければならない場面が多くあります。それだけに職員の責任は重いわけですが、このことは逆に集団的な処遇では見いだせなかったやり甲斐や、入居者との身近なつながりを感じさせてくれます。中核職員とパートなどの補助職員を上手く組み合わせたり、複数ユニットを合築することで、効率の良い職員配置を作る必要があります。

4）利用料

グループホームの利用料は介護保険下でどのように定められているでしょうか。平成11年3月31日付け厚生省令第37号第162条によると、グループホームの利用料の受領として以下のように定められています。

（利用料の受領）

第162条　指定痴呆対応型共同生活介護事業者は、法定代理受領サービスに該当する指定痴呆対応型共同生活介護を提供した際には、その利用者から利用料の一部として、当該指定痴呆対応型共同生活介護に係る居宅介護サービス費用基準額から当該指定痴呆対応型共同生活介護事業者に支払われる居宅介護サービス費の額を控除して得た額の支払いを受けるものとする。

2　指定痴呆対応型共同生活介護事業者は、法定代理受領サービスに該当しない指定痴呆対応型共同生活介護を提供した際にその利用者から受ける利用料の額と、指定痴呆対応型共同生活介護に係る居宅介護サービス費用基準額との間に、不合理な差額が生じないようにしなければならない。

3　指定痴呆対応型共同生活介護事業者は、前2項の支払いを受ける額のほか、次に掲げる費用の額の支払いを利用者から受け取ることができる。
（1）食材料費
（2）理美容代
（3）おむつ代
（4）前3号に掲げるもののほか、指定痴呆対応型共同生活介護において提供される便宜のうち、日常生活において通常必要となるものに係る費用であって、その利用者に負担させることが適当と認められるもの

4　指定痴呆対応型共同生活介護事業者は、前項の費用の額に係るサービスの提供に当たって

は、あらかじめ、利用者又はその家族に対し、当該サービスの内容及び費用について説明を行い、利用者の同意を得なければならない。

やや難解な言い回しですが、要約すると、グループホームの利用料については、大きく①から⑤までの次の５つに分けて考えられています。

①介護サービス費用
②食材料費
③理美容代
④おむつ代
⑤その他

それでは、この５つの項目を順に見てみましょう。グループホームに入居される方はほとんどが要介護認定を受けると思われますので、要介護認定を受けていることを前提として解説します。

まず、①の介護サービス費用ですが、グループホームの１日あたりの介護報酬単価は、要介護度別に設定された点数に各地域の１点あたり単価を掛けた額が介護報酬です（図資-２、この点数および単価は厚生省による「平成12年１月17日付でまとめた介護報酬単価」を参照したものです）。ちなみに、東京23区のグループホームの利用者で、要介護５の場合、１日あたり874×10.72＝9369円の介護報酬がグループホームに支払われることになり、月額（30日）に換算すると28万1078円になります。入居した日から30日以内については、初期加算として１日につき30点を加算して計算します。逆に乙区に相当する奈良市のグループホームの利用者で、要介護１の場合、１日あたり809×10.18＝8235円の介護報酬となり、月額（30日）換算で24万7068円になります。

介護保険では、利用者はこの額の１割を直接、グループホーム側へ支払うことになります。したがって、上記東京23区のグループホームに入居している要介護５の高齢者の場合、月額およそ２万8108円を負担する計算です。そして、残りの９割を介護保険の居宅介護サービス費としてグループホーム側は受け取ります。

ただし、グループホームは在宅サービスとされていますが、実質的に施設サービスに準じているものとして位置づけられるため、入居者が訪問看護やデイサービスなどの通所ケアを受ける場合、全額利用者の負担になります。

②食材料費、③理美容代、④おむつ代ですが、これらは明快ですから、特に解説する必要はないと思います。

⑤のその他については、家賃、水光熱費、管理費等考えられますが、厚生省令第37号第162条では、具体的に触れられていません。

厚生省令第37号を解説した、厚生省老人保健福祉局による「指定居宅サービス等の事業の人員、設備及び運営に関する基準（平成11年９月

図資-２　介護報酬単価

●要介護度に応じた点数		●各地域の１点あたり評価		
要介護度１	809点	特別区（東京23区）	１点＝10.72円	
要介護度２	825点	特甲区	１点＝10.60円	１日あたり
要介護度３	841点	甲区	１点＝10.36円	介護報酬単価
要介護度４	857点	乙区	１点＝10.18円	
要介護度５	874点	その他	１点＝10.00円	

（×　間に、＝　右に）

17日付)」にも、食材料費、理美容代、おむつ代のほか「日常生活において通常必要となるものに係る費用であって、その利用者に負担させることが適当と認められるものについて……利用者から支払いを受けることができることとし」ていますが、その「具体的な範囲については、別に通知するところによるものである」としていますが現時点でははっきりとした要件は出されていません。例えば、管理費ひとつを取り上げてみても、建物のメンテナンス費用や修繕費を含むのかどうか議論の分かれるところと思われます。また、介護費用として一時金を取ることはできませんが、入居一時金を取ることは介護保険法上の問題はないことになります。

一方、「保険給付の対象となっているサービスと明確に区分されないあいまいな名目による費用の徴収は認めない」としている点も見逃せません。つまり、散歩などの外出介助は、介護保険の給付対象となっているサービスに含まれるのかが明確に区分できないため、外出介助を名目に特別な利用料を受け取ることはできません。しかし、外出した際の交通費などは、当然「日常生活において通常必要となるものに係る費用であって、その利用者に負担させることが適当

図資-3　利用料

| 家賃 | 水光熱費 | 管理費等 | その他 | 食材料費 | 理美容代 | おむつ代 | ケア代＝介護保険の給付対象 |

日常生活において通常必要となるものに係る費用であって、その利用者に負担させることが適当と認められる費用。

1割 自己負担　9割 介護保険の給付

額は利用者の要介護度による

利用者がグループホームに支払う利用料

グループホームが受けとる金額

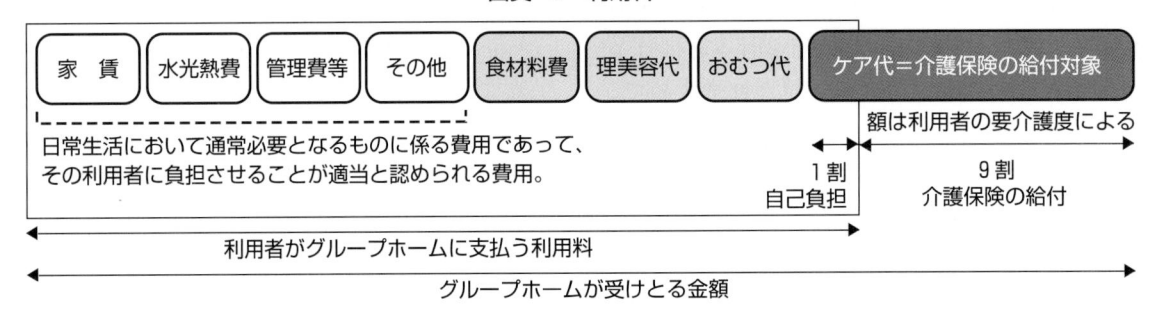

図資-4　お金の流れ

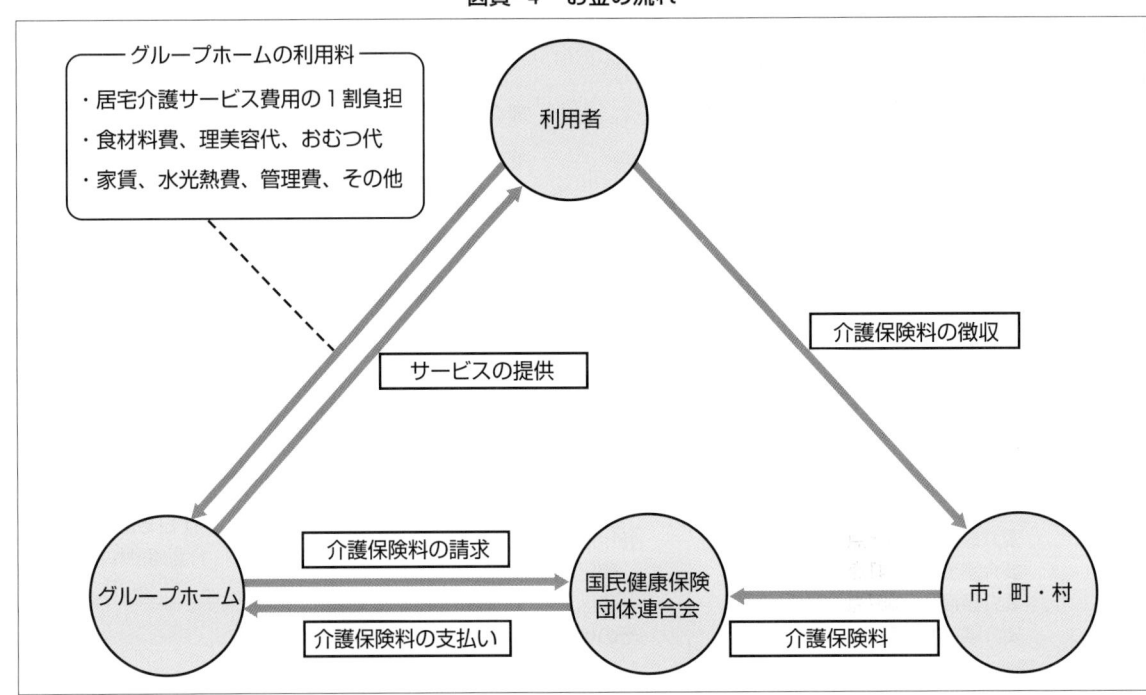

― グループホームの利用料 ―
・居宅介護サービス費用の1割負担
・食材料費、理美容代、おむつ代
・家賃、水光熱費、管理費、その他

利用者 — 介護保険料の徴収 → 市・町・村
グループホーム ← サービスの提供 → 利用者
グループホーム → 介護保険料の請求 → 国民健康保険団体連合会
国民健康保険団体連合会 → 介護保険料の支払い → グループホーム
市・町・村 → 介護保険料 → 国民健康保険団体連合会

と認められるもの」として受け取ることができます。また、居室の掃除も保険給付の対象となっているサービスと明確に区分されないため、それを理由とした特別な利用料は徴収できません。同様の理由で、介助職員数を基準より多く配置し、手厚い介護を行った場合も、特別な利用料は徴収できないと言えます。また、特定の利用者の介護に手が掛かるとしても、それを理由にその利用者に特別に介護料を請求することもできません。にしたがって、利用料は図資-3のように示すことができます。

また、利用者、グループホーム、自治体間のお金の流れは図資-4のようになります。

以上のような点を踏まえて、厚生省令第37号4項に定められているように、利用者又は家族に対して、サービス内容と費用に関して十分な説明を行い、利用者の同意を得ておく必要があると言えます。

注
(1) 『シルバーウェルビジネス——特集グループホーム＆ケアの可能性』1997年、26-31頁。
(2) 『シルバーウェルビジネス——特集民間グループホームの事業化手法』1998年、14-20頁。
(3) 社会福祉法人全国社会福祉協議会『平成7年度 痴呆性老人のためのグループホームのあり方に関する調査研究事業報告書』1996年。

2．厚生省グループホーム関連基準

1）グループホームの施設整備費（新設）

グループホームの新規建設に対する国庫補助金は、そのグループホームを設置する主体により受けられる補助制度が異なります。設置主体が、①地方公共団体または社会福祉法人の場合は、社会福祉施設等施設整備費補助金、②医療法人の場合は、保健衛生施設等施設整備補助金、③NPO法人、民法第34条法人、農協等の場合は、社会福祉施設等施設整備費補助金、を受けることができますが、④民間企業が設置主体の場合、受けられる国庫補助制度はありません。設置主体が①から③の場合の施設整備補助の概要を下表にまとめています。また、①国庫補助を受けて社会福祉法人がグループホームを建設する場合は、177頁の表の設備基準を守らなければなりません。一方、184頁の設備に関する基準は、設置主体に関わりなく遵守しなければなりません。

この他、地方自治体が独自に建設補助を行う場合や、社会福祉・医療事業団からの低利融資、日本財団や日本自転車振興会などの公的団体による建設助成があります。

2）民家改造型グループホームに対する補助

平成13年度からはNPO法人等が民家を改造してグループホームを実施する場合も、市町村から「介護予防・生活支援事業」（国1／2、都道府県1／4、市町村1／4）の委託を受けることで、初年度設備分として500万円が補助されるようになりました。民家改造型も、184頁の設備に関する基準は守らなければいけません。

3）グループホームの用地

用地は、利用権または借地権が設定されれば、グループホームを開設する法人が土地を所有していなくてもよいとされています。

4）グループホームの運営

グループホームの運営については、基準省令「指定居宅サービス等の人員、設備および運営に関する基準」（平成11年3月31日厚生省令第37号、平成13年3月26日厚生労働省令第36号改正現在）、解釈通知「指定居宅サービス等の人員、設備および運営に関する基準」（平成11年9月17日老企第25号、平成13年3月21日老振発第17号改正現在）をご参照ください（182頁）。

出所：痴呆高齢者支援対策研究会『これからの痴呆高齢者支援対策』中央法規出版、2001年。

痴呆性高齢者グループホームの施設整備費補助について

	社会福祉施設等施設整備費		保健衛生施設等施設整備費
設置者	市町村・社会福祉法人	NPO法人、民法第34条法人、農協等	医療法人
直接補助事業者	都道府県（指定都市・中核市の場合は当該市）	都道府県／指定都市・中核市	都道府県／指定都市・中核市
間接補助事業者	市町村・社会福祉法人	市町村（指定都市・中核市を除く）	医療法人
国庫補助額（A）	補助基準額の1／2 ・施設整備　17,000〜23,100千円以内（定員別） ・設備整備　なし	定額（1／2相当） ・施設整備　20,000千円以内 ・設備整備　なし	定額（1／2相当） ・施設整備　20,000千円以内 ・設備整備　なし
県補助額（B）	補助基準額の1／4 ・施設整備　8,500〜11,500千円以内（定員別） ・設備整備　500千円以内	なし（任意）	なし（任意）
実質補助額（A）＋（B）	補助基準額の3／4 ・施設整備　25,500〜34,650千円以内（定員別） ・設備整備　1,500千円以内	定額（1／2相当） ・施設整備　20,000千円以内 ・設備整備　なし	定額（1／2相当） ・施設整備　20,000千円以内 ・設備整備　なし

社会福祉法人が国庫補助を受けて設置する場合の設備基準

（施設規模）
　痴呆性老人グループホーム（以下「ホーム」という。）の定員規模は５人以上９人以下とする。ただし、事業単位としては、複数（３ユニットまで）のホームを合築して運営することができる。

（建築構造）
1. ２階を設ける場合には、建築基準法第２条第９号の２に規定する耐火建築物又は同法第２条第９号の３に規定する準耐火建築物とし（ただし２階部分の面積が300㎡未満の場合を除く）、３階部分を設ける場合には耐火建築物とすること。
2. 他の社会福祉施設等と併設して設置する場合には、独立した出入り口を設けること。
3. 段差の解消、スロープの設置など、高齢者の利用に配慮した設備構造とすること。

（必置設備）
1. 原則として次の設備を設けること。
　　① 居室
　　② 居間・食堂
　　③ 浴室
　　④ 台所
　　⑤ 便所
　　⑥ 洗濯家事室（ユーティリティ）
　　⑦ 職員室
　　⑧ その他必要な設備
2. 設備は職員室を除き、ホーム毎の専用設備とすること。

（居室）
1. 地階に設けてはならないこと。
2. 入居者１人当たりの床面積は、収納設備等を除き、9.9㎡以上とすること。なお、13㎡以下の場合には、押し入れ等の収納設備を別に確保すること。ただし、既存の建物の場合は、弾力的に取り扱うことができる。
3. 居室は原則として個室とすること。ただし、２室以上の居室をつなげて利用するために、各居室間に扉等を設けることは妨げない。
4. 居室には原則として手洗設備を設けること。

（浴室）
　１～２人用の個別浴槽とし、入浴に介助を必要とする者の使用に適したものとすること。

（便所）
　原則として複数箇所に分散して設けること。

（台所）
　入居者と施設職員が共働できる十分な広さを有していること。

痴呆対応型共同生活介護及び指定居宅介護サービス事業者

（介護保険法より抜粋）

1. 痴呆対応型共同生活介護の定義（介護保険法第7条抜粋）

（第5項）
　この法律において「居宅サービス」とは、訪問介護、訪問入浴介護、訪問看護、訪問リハビリテーション、居宅療養管理指導、通所介護、通所リハビリテーション、短期入所生活介護、短期入所療養介護、痴呆対応型共同生活介護、特定施設入所者生活介護及び福祉用具貸与をいい、「居宅サービス事業」とは居宅サービスを行う事業をいう。

（第15項）
　この法律において「痴呆対応型共同生活介護」とは、要介護者であって痴呆の状態にあるもの（当該痴呆に伴って著しい精神症状を呈する者及び当該痴呆に伴って著しい行動異常がある者並びにその者の痴呆の原因となる疾患が急性の状態にある者を除く。）について、その共同生活を営むべき住居において、入浴、排せつ、食事等の介護その他の日常生活上の世話及び機能訓練を行うことをいう。

2. 居宅介護サービス費の支給
　（介護保険法第41条）

（第1項）
　市町村は、要介護認定を受けた被保険者（以下「要介護被保険者」という。）のうち居宅において介護を受けるもの（以下「居宅要介護被保険者」という。）が、都道府県知事が指定する者（以下「指定居宅サービス事業者」という。）から当該指定に係る居宅サービス事業を行う事業所により行われる居宅サービス（以下「指定居宅サービス」という。）を受けたときは、当該居宅要介護被保険者に対し、当該指定居宅サービスに要した費用（通所介護、通所リハビリテーション、短期入所生活介護、短期入所療養介護、痴呆対応型共同生活介護及び特定施設入所者生活介護に要した費用については、日常生活に要する費用として厚生省令で定める費用を除く。以下この条において同じ。）について、居宅介護サービス費を支給する。ただし、当該居宅要介護被保険者が、第37条第1項の規定による指定を受けている場合において、当該指定に係る種類以外の居宅サービスを受けたときは、この限りでない。

（第4項）
　居宅介護サービス費の額は、次の各号に掲げる居宅サービスの区分に応じ、当該各号に定める額とする。

一　訪問介護、訪問入浴介護、訪問看護、訪問リハビリテーション、居宅療養管理指導、通所介護、通所リハビリテーション及び福祉用具貸与　これらの居宅サービスの種類ごとに、当該居宅サービスの種類に係る指定居宅サービスの内容、当該指定居宅サービスの事業を行う事業所の所在する地域等を勘案して算定される当該指定居宅サービスに要する平均的な費用（通所介護及び通所リハビリテーションに要する費用については、日常生活に要する費用として厚生省令で定める費用を除く。）の額を勘案して厚生大臣が定める基準により算定した費用の額（その額が現に当該指定居宅サービスに要した費用の額を超えるときは、当該現に指定居宅サービスに要した費用の額とする。）の百分の九十に相当する額

二　短期入所生活介護、短期入所療養介護、痴呆対応型共同生活介護及び特定施設入所者生活介護　これらの居宅サービスの種類ごとに、要介護状態区分、当該居宅サービス

の種類に係る指定居宅サービスの事業を行う事業所の所在する地域等を勘案して算定される当該指定居宅サービスに要する平均的な費用（日常生活に要する費用として厚生省令で定める費用を除く。）の額を勘案して厚生大臣が定める基準により算定した費用の額（その額が現に当該指定居宅サービスに要した費用の額を超えるときは、当該現に指定居宅サービスに要した費用の額とする。）の百分の九十に相当する額

3. 指定居宅サービス事業者の指定要件（介護保険法第70条、74条）

（第70条第1項）

　第41条第1項本文の指定は、厚生省令（→省令第36号）で定めるところにより、居宅サービス事業を行う者の申請により、居宅サービスの種類及び当該居宅サービスの種類に係る居宅サービス事業を行う事業所（以下この節において単に「事業所」という。）ごとに行う。

（第70条第2項）

　都道府県知事は、前項の申請があった場合において、次の各号（病院、診療所若しくは薬局により行われる居宅療養管理指導又は病院若しくは診療所により行われる訪問看護、訪問リハビリテーション、通所リハビリテーション若しくは短期入所療養介護に係る指定の申請にあっては、第二号又は第三号）のいずれかに該当するときは、第41条第1項本文の指定をしてはならない。

一　申請者が法人でないとき。

二　当該申請に係る事業所の従業者の知識及び技能並びに人員が、第74条第1項の厚生省令で定める基準及び同項の厚生省令（→省令第37号）で定める員数を満たしていないとき。

三　申請者が、第74条第2項に規定する指定居宅サービスの事業の設備及び運営に関する基準に従って適正な居宅サービス事業の運営をすることができないと認められるとき。

（第74条第1項）

　指定居宅サービス事業者は、当該指定に係る事業所ごとに、厚生省令で定める基準に従い厚生省令で定める員数の当該指定居宅サービスに従事する従業者を有しなければならない。

（第74条第2項）

　前項に規定するもののほか、指定居宅サービスの事業の設備及び運営に関する基準は、厚生大臣が定める。

参考表　痴呆対応型共同生活介護及び指定居宅サービス事業者の概要

項　目	概　要	法　令
1. 痴呆対応型共同生活介護の定義	・居宅サービスの一種。 ・痴呆を有する要介護者が、共同生活する住居（グループホーム）において、入浴、排せつ、食事等の介護その他の日常生活上の世話及び機能訓練を行うこと	法第7条第5項 法第7条第15項
2. 居宅介護サービス費の支給 　（サービス受給者） 　（サービス供給者） 　（支給額）	 ・要介護認定を受けた被保険者 ・都道府県知事が指定する「指定居宅サービス事業者」 ・要介護状態区分及び指定居宅サービス事業者の事務所所在地等を勘案して厚生大臣が定める基準により算定した費用の額の9割（1割は自己負担）	 法第41条第1項 法第41条第4項
3. 指定居宅サービス事業者の指定要件	・事業者の申請により、都道府県知事が指定 ・要件は、以下の3点。 　①法人格を有していること 　②従業員の知識・技能及び人員が厚生省令の基準を満たしていること 　③事業の設備・運営に関する基準に従って運営できること	法第70条第1項 →省令第36号 法第70条第2項 →省令第37号

指定居宅サービス事業者の指定の申請

(厚生省令第36号より抜粋)

指定痴呆対応型共同生活介護事業者に係る指定の申請

(第123条)

法第70条第1項の規定に基づき痴呆対応型共同生活介護に係る指定居宅サービス事業者の指定を受けようとする者は、次に掲げる事項を記載した申請書又は書類を、当該指定に係る事業所の所在地を管轄する都道府県知事に提出しなければならない。

一 事業所の名称及び所在地
二 申請者の名称及び主たる事務所の所在地並びにその代表者の氏名及び住所
三 当該申請に係る事業の開始の予定年月日
四 申請者の定款、寄附行為等及びその登記簿の謄本又は条例等
五 建物の構造概要及び平面図並びに設備の概要
六 利用者の推定数
七 事業所の管理者の氏名、経歴及び住所
八 運営規程
九 利用者からの苦情を処理するために講ずる措置の概要
十 当該申請に係る事業に係る従業者の勤務の体制及び勤務形態
十一 当該申請に係る事業に係る資産の状況
十二 指定居宅サービス等基準第171条第1項に規定する協力医療機関の名称及び診療科名並びに当該協力医療機関との契約の内容(同条第2項に規定する協力歯科医療機関があるときは、その名称及び当該歯科医療機関との契約の内容を含む。)
十三 指定居宅サービス等基準第171条第3項に規定する介護老人福祉施設、介護老人保健施設、病院等との連携体制及び支援の体制の概要
十四 その他指定に関し必要と認める事項

痴呆症高齢者グループホームの運営

痴呆性高齢者グループホームの運営については、基準省令「指定居宅サービス等の事業の人員、設備及び運営に関する基準」(平成11年3月31日厚生省令第37号)のなかに定められている。以下では、この基準省令のなかから痴呆症高齢者グループホームに関する「第11章　痴呆対応型共同生活介護」(第156条〜第173条)を抜粋して掲載するとともに、これに基準省令の解釈通知「指定居宅サービス等の事業の人員、設備及び運営に関する基準について」(平成11年9月17日老企第25号)を対応させて掲載している。

・左段：基準省令

　「指定居宅サービス等の事業の人員、設備及び運営に関する基準」(平成11年3月31日厚生省令第37号、平成13年3月26日厚生労働省令第36号改正現在)

・右段：解釈通知

　「指定居宅サービス等の事業の人員、設備及び運営に関する基準について」(平成11年9月17日老企第25号、平成13年3月21日老振発第17号改正現在)

基準省令	解釈通知
第11章　痴呆対応型共同生活介護	**第12　痴呆対応型共同生活介護**
第1節　基本方針	1　基本方針
(基本方針) **第156条**　指定居宅サービスに該当する痴呆対応型共同生活介護(以下「指定痴呆対応型共同生活介護」という。)の事業は、要介護者であって痴呆の状態にあるもの(当該痴呆に伴って著しい精神症状を呈する者及び当該痴呆に伴って著しい行動異常がある者並びにその者の痴呆の原因となる疾患が急性の状態にある者を除く。以下同じ。)について、共同生活住居(法第7条第15項に規定する共同生活を営むべき住居をいう。以下同じ。)において、家庭的な環境の下で入浴、排せつ、食事等の介護その他の日常生活上の世話及び機能訓練を行うことにより、利用者がその有する能力に応じ自立した日常生活を営むことができるようにするものでなければならない。	痴呆に伴って著しい精神症状、又は著しい行動異常を持ち、極端な暴力行為や自傷行為を行う恐れがある者及び痴呆の原因となる疾患が集中的な医療を必要とする状態の者は、共同生活住居において共同生活を送ることに支障があると考えられることから、基準第156条において、指定痴呆対応型共同生活介護の対象から除いたものである。
第2節　人員に関する基準	2　人員に関する基準(基準第157条〜158条)
(従業者の員数) **第157条**　指定痴呆対応型共同生活介護の事業を行う	(1) 従業者の員数 　介護従業者については、利用者が痴呆を有する

者（以下「指定痴呆対応型共同生活介護事業者」という。）が当該事業を行う事業所（以下「指定痴呆対応型共同生活介護事業所」という。）ごとに置くべき指定痴呆対応型共同生活介護の提供に当たる従業者（以下「介護従業者」という。）の員数は、当該事業所を構成する共同生活住居ごとに、宿直時間帯（夜間及び深夜の時間帯をいう。以下同じ。）以外の時間帯に指定痴呆対応型共同生活介護の提供に当たる介護従業者を、常勤換算方法で、当該共同生活住居の利用者の数が３又はその端数を増すごとに１以上とするほか、宿直時間帯を通じて１以上の介護従業者に宿直勤務を行わせるために必要な数以上とする。

　２　前項の利用者の数は、前年度の平均値とする。ただし、新規に指定を受ける場合は、推定数による。

　３　第１項の介護従業者のうち１以上の者は、常勤でなければならない。

　４　第１項の宿直時間帯において宿直勤務を行う介護従業者は、利用者の処遇に支障がない場合は、併設されている他の共同生活住居又は第171条第３項の介護老人福祉施設、介護老人保健施設若しくは病院等の職務に従事することができるものとする。

　５　指定痴呆対応型共同生活介護事業者は、共同生活住居ごとに、介護支援専門員その他の保健医療サービス又は福祉サービスの利用に係る計画の作成に関し知識及び経験を有する者であって第164条第１項に規定する痴呆対応型共同生活介護計画の作成を担当させるのに適当と認められるものを専らその職務に従事する計画作成担当者としなければならない。ただし、利用者の処遇に支障がない場合は、当該共同生活住居における他の職務に従事することができるものとする。

（管理者）

第158条　指定痴呆対応型共同生活介護事業者は、共同生活住居ごとに専らその職務に従事する常勤の管理者を置かなければならない。ただし、共同生活住居の管理上支障がない場合は、当該共同生活住居の他の職務に従事し、又は同一敷地内にある他の事業所、施設等の職務に従事することができるものとする。

　２　共同生活住居の管理者は、適切な指定痴呆対応

者であることから、介護等に対する知識、経験を有する者であることを原則とする。なお、これ以外の介護従業者にあっても研修の機会を確保することなどにより質の向上を図るものとする。

　宿直時間帯は、それぞれの事業所ごとに、利用者の生活サイクルに応じて、１日の活動の終了時刻から開始時刻までを基本として設定するものとし、これに対応して、宿直時間帯以外の指定痴呆対応型共同生活介護の提供に必要な介護従業者を確保するものとする。

　例えば、利用者を８人とし、常勤の勤務時間を１日８時間とし、午後９時から午前６時までを宿直時間帯とした場合、午前６時から午後９時までの15時間の間に、８時間×３人＝延べ24時間分の指定痴呆対応型共同生活介護が提供され、かつ、当該時間帯においては、常に介護従業者が１人以上確保されていることが必要となる。また、午後９時から午前６時までは、宿直業務を行う介護従業者が１人以上確保されていることが必要となる。

　なお、宿直時間帯の設定に当たっては、「社会福祉施設における宿直勤務の取扱いについて」（昭和49年８月20日社施第160号社会局施設課長、児童家庭局企画課長連名通知）に準じて適切に行うこと。

(2)　計画作成担当者

　計画作成担当者は、介護支援専門員をもって充てることが望ましいが、特別養護老人ホームの生活相談員や老人保健施設の支援相談員等として痴呆性高齢者の介護サービスに係る計画の作成に関し実務経験を有すると認められる者をもって充てることができるものとする。なお、利用者の処遇に支障がない場合は、管理者との兼務もできるものとする。また、計画作成担当者としての資質を確保するために別に定める研修を受講するものとする。

(3)　管理者

　短期入所生活介護の場合と基本的に同趣旨であるため、第10〔短期入所生活介護〕の１の(5)を参照されたい。なお、一の事業所に複数の共同生活住居を設ける場合、それぞれの共同生活住居の管理上支障がない場合は、同一事業所の他の共同生活住居との兼務もできるものとする。

　また、管理者は、特別養護老人ホーム、老人デイサービスセンター、老人保健施設等の職員又は

型共同生活介護を提供するために必要な知識及び経験を有する者でなければならない。

第3節　設備に関する基準

（設備に関する基準）
　第159条　指定痴呆対応型共同生活介護事業所は、1又は複数の共同生活住居を有しなければならない。
　2　共同生活住居は、その入居定員を5人以上9人以下とし、居室、居間、食堂、台所、浴室その他利用者が日常生活を営む上で必要な設備を設けるものとする。
　3　一の居室の定員は、1人とする。ただし、利用者の処遇上必要と認められる場合は、2人とすることができるものとする。
　4　一の居室の床面積は、7.43平方メートル以上としなければならない。
　5　居間及び食堂は、同一の場所とすることができる。
※本条第4項の適用については、平成11年12月20日厚生省令第96号附則第2項により経過措置が設けられている。
　附則（平成11年12月20日厚生省令第96号）
　1　この省令は、平成12年4月1日から施行する。
　2　この省令の施行の際現に存する痴呆対応型共同生活介護の事業に相当する事業の用に供する共同生活住居（基本的な設備が完成されているものを含み、この省令の施行の後に増築され、又は全面的に改築された部分を除く。）であって指定痴呆対応型共同生活介護の提供に支障がないと認められるものについては、この省令による改正後の指定居宅サービス等の事業の人員、設備及び運営に関する基準第159条第4項の規定は、適用しない。

訪問介護員等として、3年以上痴呆性高齢者の介護に従事した経験を有する者等適切な指定痴呆対応型共同生活介護を提供するために必要な知識及び経験を有する者であることが必要である。さらに、管理者としての資質を確保するために別に定める研修を受講するものとする。

3　設備に関する基準（基準第159条）

(1) 事業所
　一の事業所に複数の共同生活住居を設ける場合であっても、居間、食堂及び台所については、それぞれ共同生活住居ごとの専用の設備でなければならない。また、併設の事業所において行われる他のサービスの利用者がこれらの設備を共用することも原則として不可とする。
　ただし、併設の事業所において行われる通所介護が、指定痴呆対応型共同生活介護の利用者が日常的に利用するものであって、かつ、家庭的な環境を維持できるよう18名程度までの利用者に対して行われるものであれば、指定痴呆対応型共同生活介護を地域に開かれたものとするために有効であると考えられることから、共同生活住居における利用者の生活に支障のない範囲で通所介護の利用者が共用することができるものとする。
　なお、それぞれの共同生活住居に対し、緊急時に速やかに対処できる距離、位置関係にあるなど、管理上特に支障がないと認められる場合は、事務室、宿直室については兼用であっても差し支えない。

(2) 居室
　一の居室の面積は、7.43平方メートル（和室であれば4.5畳）以上とされているが、生活の場であることを基本に、収納設備は別途確保するなど利用者の私物等も置くことができる充分な広さを有するものとすること。
　また、居室とは、廊下、居間等につながる出入口があり、他の居室と明確に区分されているものをいい、単にカーテンや簡易なパネル等で室内を区分しただけと認められるものは含まれないこと。ただし、一般の住宅を改修している場合など、建物の構造上、各居室間がふすま等で仕切られている場合は、この限りでない。
　さらに、居室を2人部屋とすることができる場合とは、例えば、夫婦で居室を利用する場合などであって、事業者の都合により一方的に2人部屋とするべきではない。なお、2人部屋については、特に居室面積の最低基準は示していないが、前記と同様に充分な広さを確保しなければならないも

(3) 居間及び食堂
　　居間及び食堂は同一の室内とする場合であっても、居間、食堂のそれぞれの機能が独立していることが望ましい。また、その広さについても原則として利用者及び介護従業者が一堂に会するのに充分な広さを確保するものとする。
　(4) 経過措置
　　この省令の施行の際現に存する痴呆対応型共同生活介護の事業に相当する事業の用に供する共同生活住居（基本的な設備が完成されているものを含み、この省令の施行の後に増築され、又は全面的に改築された部分を除く。）であって指定痴呆対応型共同生活介護の提供に支障がないと認められるものについては、一の居室の床面積に関する基準（7.43平方メートル以上）の規定は適用しない。

第4節　運営に関する基準

（入退居）

　第160条　指定痴呆対応型共同生活介護は、要介護者であって痴呆の状態にあるもののうち、少人数による共同生活を営むことに支障がない者に提供するものとする。

　2　指定痴呆対応型共同生活介護事業者は、入居申込者の入居に際しては、主治の医師の診断書等により当該入居申込者が痴呆の状態にある者であることの確認をしなければならない。

　3　指定痴呆対応型共同生活介護事業者は、入居申込者が入院治療を要する者であること等入居申込者に対し自ら必要なサービスを提供することが困難であると認めた場合は、適切な他の指定痴呆対応型共同生活介護事業者、介護保険施設、病院又は診療所を紹介する等の適切な措置を速やかに講じなければならない。

　4　指定痴呆対応型共同生活介護事業者は、入居申込者の入居に際しては、その者の心身の状況、生活歴、病歴等の把握に努めなければならない。

　5　指定痴呆対応型共同生活介護事業者は、利用者の退居の際には、利用者及び家族の希望を踏まえた上で、退居後の生活環境や介護の継続性に配慮し、退居に必要な援助を行わなければならない。

4　運営に関する基準

(1) 入退居

① 基準第160条第3項の「自ら必要なサービスを提供することが困難であると認めた場合」とは、入居申込者が第12〔痴呆対応型共同生活介護〕の1により利用対象者に該当しない者である場合のほか、入居申込者が入院治療を要する者である場合、当該指定痴呆対応型共同生活介護事業所の入居者数が既に定員に達している場合等であり、これらの場合には、基準第160条第3項の規定により、適切な他の指定痴呆対応型共同生活介護事業者、介護保険施設、病院又は診療所を紹介する等の適切な措置を速やかに講じなければならない。
② 基準第160条第4項は、入居申込者の入居に際し、その者の心身の状況、生活歴、病歴等の把握に努めることとしているが、入居申込者が家族による入居契約締結の代理や援助が必要であると認められながら、これらが期待できない場合については、市町村とも連携し、成年後見制度や地域福祉権利擁護事業等の活用を可能な限り図ることとする。

6 指定痴呆対応型共同生活介護事業者は、利用者の退居に際しては、利用者又はその家族に対し、適切な指導を行うとともに、居宅介護支援事業者等への情報の提供及び保健医療サービス又は福祉サービスを提供する者との密接な連携に努めなければならない。

(入退居の記録)
第161条 指定痴呆対応型共同生活介護事業者は、入居に際しては入居の年月日及び入居している共同生活住居の名称を、退居に際しては退居の年月日を、利用者の被保険者証に記載しなければならない。

(利用料等の受領)
第162条 指定痴呆対応型共同生活介護事業者は、法定代理受領サービスに該当する指定痴呆対応型共同生活介護を提供した際には、その利用者から利用料の一部として、当該痴呆対応型共同生活介護に係る居宅介護サービス費用基準額から当該指定痴呆対応型共同生活介護事業者に支払われる居宅介護サービス費の額を控除して得た額の支払を受けるものとする。

2 指定痴呆対応型共同生活介護事業者は、法定代理受領サービスに該当しない指定痴呆対応型共同生活介護を提供した際にその利用者から支払を受ける利用料の額と、指定痴呆対応型共同生活介護に係る居宅介護サービス費用基準額との間に、不合理な差額が生じないようにしなければならない。

3 指定痴呆対応型共同生活介護事業者は、前2項の支払を受ける額のほか、次に掲げる費用の額の支払を利用者から受けることができる。
一 食材料費
二 理美容代
三 おむつ代
四 前3号に掲げるもののほか、指定痴呆対応型共同生活介護において提供される便宜のうち、日常生活においても通常必要となるものに係る費用であって、そ

(2) 入退居の記録
 基準第161条は、指定痴呆対応型共同生活介護の提供を受けている者が居宅療養管理指導以外の居宅サービス及び施設サービスについて保険給付を受けることができないことを踏まえ、他の居宅サービス事業者等が当該利用者が指定痴呆対応型共同生活介護の提供を受けていることを確認できるよう、指定痴呆対応型共同生活介護事業者は、入居に際しては入居の年月日及び入居している共同生活住居の名称を、退居に際しては退居の年月日を、利用者の被保険者証に記載しなければならないこととしたものである。

(3) 利用料等の受領
 ① 基準第162条第1項、第2項及び第4項の規定は、指定訪問介護に係る第20条第1項、第2項及び第4項の規定と同趣旨であるため、**第3〔訪問介護〕の3の(10)の①、②及び④を参照**されたい。
 ② 基準第162条第3項は、指定痴呆対応型共同生活介護事業者は、指定痴呆対応型共同生活介護の提供に関して、
イ 食材料費
ロ 理美容代
ハ おむつ代
ニ 前3号に掲げるもののほか、指定痴呆対応型共同生活介護において提供される便宜のうち、日常生活においても通常必要となるものに係る費用であって、その利用者に負担させることが適当と認められるもの
については、前2項の利用料のほかに、利用者から支払を受けることができることとし、保険給付の対象となっているサービスと明確に区分されないあいまいな名目による費用の徴収は認めないこととしたものである。なお、ニの費用の具体的な範囲については、別に通知するところによるものである。

の利用者に負担させることが適当と認められるもの
　4　指定痴呆対応型共同生活介護事業者は、前項の費用の額に係るサービスの提供に当たっては、あらかじめ、利用者又はその家族に対し、当該サービスの内容及び費用について説明を行い、利用者の同意を得なければならない。
（指定痴呆対応型共同生活介護の取扱方針）
　第163条　指定痴呆対応型共同生活介護は、利用者の痴呆の症状の進行を緩和し、安心して日常生活を送ることができるよう、利用者の心身の状況を踏まえ、妥当適切に行わなければならない。
　2　指定痴呆対応型共同生活介護は、利用者がそれぞれの役割を持って家庭的な環境の下で日常生活を送ることができるよう配慮して行わなければならない。
　3　指定痴呆対応型共同生活介護は、次条第1項に規定する痴呆対応型共同生活介護計画に基づき、漫然かつ画一的なものとならないよう配慮して行わなければならない。
　4　共同生活住居における介護従業者は、指定痴呆対応型共同生活介護の提供に当たっては、懇切丁寧を旨とし、利用者又はその家族に対し、サービスの提供方法等について、理解しやすいように説明を行う。
　5　指定痴呆対応型共同生活介護事業者は、指定痴呆対応型共同生活介護の提供に当たっては、当該利用者又は他の利用者等の生命又は身体を保護するため緊急やむを得ない場合を除き、身体的拘束その他利用者の行動を制限する行為を行ってはならない。
　6　指定痴呆対応型共同生活介護事業者は、自らその提供する指定痴呆対応型共同生活介護の質の評価を行い、常にその改善を図らなければならない。
（痴呆対応型共同生活介護計画の作成）
　第164条　共同生活住居の管理者は、計画作成担当者（第157条第5項の計画作成担当者をいう。以下この条において同じ。）に痴呆対応型共同生活介護計画の作成に関する業務を担当させるものとする。
　2　計画作成担当者は、利用者の心身の状況、希望及びその置かれている環境を踏まえて、他の介護従業者と協議の上、援助の目標、当該目標を達成するため

(4)　指定痴呆対応型共同生活介護の取扱方針
　①　基準第163条第2項は、利用者が共同生活を送る上で自らの役割を持つことにより、達成感や満足感を得、自信を回復するなどの効果が期待されるとともに、利用者にとって当該共同生活住居が自らの生活の場であると実感できるよう必要な援助を行われなければならないこととしたものである。
　また、家庭的な環境の下で日常生活を送ることができるよう配慮する観点から、複数の共同生活住居を設置する場合については、1か所に共同生活住居数が3つを超えるような形態は望ましくないものである。
　②　基準第163条第4項で定めるサービス提供方法等とは、痴呆対応型共同生活介護計画の目標及び内容や行事及び日課等も含むものである。
　③　基準第163条第5項において、当該利用者又は他の利用者等の生命又は身体を保護するため緊急やむを得ない場合を除き、身体的拘束その他利用者の行動を制限する行為を行ってはならない旨を定めたところであるが、緊急やむを得ず身体拘束等を行う場合には、その態様及び時間、その際の利用者の心身の状況、緊急やむを得なかった理由を記録しなければならないものとする。
　④　基準第163条第6項の「指定痴呆対応型共同生活介護の質の評価」とは、各都道府県の定める基準に基づく自己評価をいうものである。

(5)　痴呆対応型共同生活介護計画の作成
　①　当該計画の作成及びその実施に当たっては、いたずらにこれを利用者に強制することとならないように留意するものとする。
　②　基準第164条第3項でいう通所介護の活用とは、介護保険給付の対象となる通所介護ではなく、当該指定痴呆対応型共同生活介護事業者と通所介護事業者との間の契約により、利用者に介護保険給付の対象となる通所介護に準ずるサービス

の具体的なサービスの内容等を記載した痴呆対応型共同生活介護計画を作成しなければならない。

3　計画作成担当者は、それぞれの利用者に応じた痴呆対応型共同生活介護計画を作成し、利用者又はその家族に対し、その内容等について説明しなければならない。

4　痴呆対応型共同生活介護計画の作成に当たっては、通所介護の活用その他の多様な活動の確保に努めなければならない。

5　計画作成担当者は、痴呆対応型共同生活介護計画の作成後においても、他の介護従業者及び利用者が痴呆対応型共同生活介護計画に基づき利用する他の指定居宅サービス等を行う者との連絡を継続的に行うことにより、痴呆対応型共同生活介護計画の実施状況の把握を行い、必要に応じて痴呆対応型共同生活介護計画の変更を行うものとする。

6　第2項から第4項までの規定は、前項に規定する痴呆対応型共同生活介護計画の変更について準用する。

（介護等）

第165条　介護は、利用者の心身の状況に応じ、利用者の自立の支援と日常生活の充実に資するよう、適切な技術をもって行わなければならない。

2　指定痴呆対応型共同生活介護事業者は、その利用者に対して、利用者の負担により、当該共同生活住居における介護従業者以外の者による介護を受けさせてはならない。

3　利用者の食事その他の家事等は、原則として利用者と介護従業者が共同で行うよう努めるものとする。

を提供するものである。また、その他の多様な活動とは、地域の特性や利用者の生活環境に応じたレクリエーション、行事、園芸、農作業などの利用者の趣味又は嗜好に応じた活動等をいうものである。

③　基準第164条第4項は、痴呆対応型共同生活介護計画には、当該共同生活住居内で提供するサービスだけでなく、当該共同生活住居外において入居者が利用する他の居宅サービス等も位置づけられることから、計画作成担当者は、当該共同生活住居の他の介護従業者及び他の居宅サービス等を行う者と連携して当該計画に基づいたサービスの実施状況を把握し、また、必要に応じて計画の変更を行うものとする。

(6)　介護等

①　基準第165条第1項で定める介護サービスの提供に当たっては、痴呆の状態にある利用者の心身の状況に応じ、利用者がその自主性を保ち、意欲的に日々の生活を送ることが出来るようにすることを念頭に、利用者の精神的な安定、問題行動の減少及び痴呆の進行緩和が図られるように介護サービスを提供し又は必要な支援を行うものとする。なお、介護サービス等の提供に当たっては、利用者の人格に十分に配慮して実施するものとする。

②　基準第165条第2項は、指定痴呆対応型共同生活介護事業所で提供されるサービスは施設サービスに準じ、当該共同生活住居内で完結する内容であることを踏まえ、当該事業所の従業者でないいわゆる付添者による介護や、居宅療養管理指導を除く他の居宅サービスを、入居者にその負担によって利用させることができないこととしたものである。ただし、指定痴呆対応型共同生活介護事業者の負担により、通所介護等のサービスを受けさせることは差し支えない。

③　基準第165条第3項は、利用者が介護従業者と食事や清掃、洗濯、買物、園芸、農作業、レクリエーション、行事等を共同で行うことによっ

て良好な人間関係に基づく家庭的な生活環境の中で日常生活が送れるようにすることに配慮したものである。

(社会生活上の便宜の提供等)
　第166条　指定痴呆対応型共同生活介護事業者は、利用者の趣味又は嗜好に応じた活動の支援に努めなければならない。
　2　指定痴呆対応型共同生活介護事業者は、利用者が日常生活を営む上で必要な行政機関に対する手続等について、その者又はその家族が行うことが困難である場合は、その者の同意を得て、代わって行わなければならない。
　3　指定痴呆対応型共同生活介護事業者は、常に利用者の家族との連携を図るとともに利用者とその家族との交流等の機会を確保するよう努めなければならない。

(7) 社会生活上の便宜の提供等
　①　基準第166条第1項は事業者が画一的なサービスを提供するのではなく、利用者が自らの趣味又は嗜好に応じた活動を行うことができるよう必要な支援を行うことにより、利用者が充実した日常生活を送り、利用者の精神的な安定、問題行動の減少及び痴呆の症状の進行を緩和するよう努めることとしたものである。
　②　基準第166条第2項は、指定痴呆対応型共同生活介護事業者は、郵便、証明書等の交付申請等、利用者が必要とする手続等について、利用者又はその家族が行うことが困難な場合は、原則としてその都度、その者の同意を得た上で代行しなければならないこととするものである。特に金銭にかかるものについては書面等をもって事前に同意を得るとともに、代行した後はその都度本人に確認を得るものとする。
　③　基準第166条第3項は、指定痴呆対応型共同生活介護事業者は、利用者の家族に対し、当該共同生活住居の会報の送付、当該事業者が実施する行事への参加の呼びかけ等によって利用者とその家族が交流できる機会等を確保するよう努めなければならないこととするものである。また、利用者と家族の面会の場所や時間等についても、利用者やその家族の利便を図るものとする。
　さらに、家族との交流の機会の確保や地域住民との交流を図る観点から、特別養護老人ホーム等に併設したものではない単独型の共同生活住居については、次の地域のいずれかの中にあることが市町村により確認されていることとする。
ア　都市計画法（昭和43年法律第100号）第8条第1項第1号の用途地域が定められた地域（工業地域及び工業専用地域が定められた地域を除く。）
イ　用途地域が定められていない地域の中で、幹線道路沿いや駅前、又は農山村等の集落地域内である場合等、地域の住宅地の中にあるのと同程度に家族や地域との交流が確保されていると認められる地域

(管理者による管理)
　第167条　共同生活住居の管理者は、同時に介護保険施設、居宅サービス事業所、病院、診療所又は社会福祉施設を管理する者であってはならない。ただし、こ

れらの事業所、施設等が同一敷地内にあること等により当該共同生活住居の管理上支障がない場合は、この限りでない。

（運営規程）

　第168条　指定痴呆対応型共同生活介護事業者は、共同生活住居ごとに、次に掲げる事業の運営についての重要事項に関する規程（以下この章において「運営規程」という。）を定めておかなければならない。
一　事業の目的及び運営の方針
二　従業者の職種、員数及び職務内容
三　利用定員
四　指定痴呆対応型共同生活介護の内容及び利用料その他の費用の額
五　入居に当たっての留意事項
六　非常災害対策
七　その他運営に関する重要事項

（勤務体制の確保等）

　第169条　指定痴呆対応型共同生活介護事業者は、利用者に対し、適切な指定痴呆対応型共同生活介護を提供できるよう、従業者の勤務の体制を定めておかなければならない。

　2　前項の介護従業者の勤務の体制を定めるに当たっては、利用者が安心して日常生活を送ることができるよう、継続性を重視したサービスの提供に配慮しなければならない。

　3　指定痴呆対応型共同生活介護事業者は、介護従業者の資質の向上のために、その研修の機会を確保しなければならない。

(8) 運営規程

　基準第168条は、指定痴呆対応型共同生活介護の事業の適正な運営及び利用者に対する適切な指定痴呆対応型共同生活介護の提供を確保するため、同条第1号から第7号までに掲げる事項を内容とする規程を定めることを共同生活住居ごとに義務づけたものであるが、第4号の「指定痴呆対応型共同生活介護の内容」については、通所介護等を利用する場合については当該サービスを含めたサービスの内容を指すものであることに留意するものとする。

(9) 勤務体制の確保等

　基準第169条は、利用者に対する適切な指定痴呆対応型共同生活介護の提供を確保するため、職員の勤務体制等を規定したものであるが、このほか次の点に留意するものとする。

　①　共同生活住居ごとに、介護従業者の日々の勤務体制、常勤・非常勤の別、管理者との兼務関係、宿直担当者等を明確にすること。

　②　同条第2項は、指定痴呆対応型共同生活介護の利用者の精神の安定を図る観点から、担当の介護従業者を固定する等の継続性を重視したサービス提供に配慮すべきこととしたものであること。

　③　宿直時間帯を定めるに当たっては、それぞれの事業所ごとに、利用者の生活サイクルに応じて設定するものとし、これに対応して、宿直勤務を行わせるために必要な介護従業者を確保するとともに、宿直時間帯以外の指定痴呆対応型共同生活介護の提供に必要な介護従業者を確保すること。なお、常時介護従業者が1人以上確保されていることが必要であること。

　④　同条第3項は、当該指定痴呆対応型共同生活介護事業所の介護従業者の質の向上を図るため、研修への参加の機会を計画的に確保することとしたものであるが、当該介護従業者は要介護者であって痴呆の状態にあるものの介護を専ら担当することにかんがみ、特に痴呆介護に関する知識及び技術の修得を主たる目的とする研修を受講す

(定員の遵守)
第170条 指定痴呆対応型共同生活介護事業者は、入居定員及び居室の定員を超えて入居させてはならない。ただし、災害その他のやむを得ない事情がある場合は、この限りでない。

(協力医療機関等)
第171条 指定痴呆対応型共同生活介護事業者は、利用者の病状の急変等に備えるため、あらかじめ、協力医療機関を定めておかなければならない。
2 指定痴呆対応型共同生活介護事業者は、あらかじめ、協力歯科医療機関を定めておくよう努めなければならない。
3 指定痴呆対応型共同生活介護事業者は、サービスの提供体制の確保、夜間における緊急時の対応等のため、介護老人福祉施設、介護老人保健施設、病院等との間の連携及び支援の体制を整えなければならない。

(居宅介護支援事業者に対する利益供与等の禁止)
第172条 指定痴呆対応型共同生活介護事業者は、居宅介護支援事業者又はその従事者に対し、要介護被保険者に対して当該共同生活住居を紹介することの対償として、金品その他の財産上の利益を供与してはならない。
2 指定痴呆対応型共同生活介護事業者は、居宅介護支援事業者又はその従業者から、当該共同生活住居からの退居者を紹介することの対償として、金品その他の財産上の利益を収受してはならない。

(調査への協力等)
第172条の2 指定痴呆対応型共同生活介護事業者は、提供した指定痴呆対応型共同生活介護に関し、利用者の心身の状況を踏まえ、妥当適切な指定痴呆対応型共同生活介護が行われているかどうかを確認するために市町村が行う調査に協力するとともに、市町村か

る機会を確保するよう努めること。

(10) 協力医療機関等
① 基準第171条第1項及び第2項の協力医療機関及び協力歯科医療機関は、共同生活住居から近距離にあることが望ましい。
② 同条第3項は、指定痴呆対応型共同生活介護事業者は、サービスの提供体制の確保、夜間における緊急時の対応等のため、介護老人福祉施設、介護老人保健施設、病院等のバックアップ施設との間の連携及び支援の体制を整えなければならない旨を規定したものである。これらの協力医療機関やバックアップ施設から、利用者の入院や休日夜間等における対応について円滑協力を得るため、当該協力医療機関等との間であらかじめ必要な事項を取り決めておくものとする。

(11) 居宅介護支援事業者に対する利益供与等の禁止
① 基準第172条第1項は、居宅介護支援事業者による共同生活住居の紹介が公正中立に行われるよう、指定痴呆対応型共同生活介護事業者は、居宅介護支援事業者又はその従事者に対し、要介護被保険者に対して当該共同生活住居を紹介することの対償として、金品その他の財産上の利益を供与してはならない旨を規定したものである。
② 同条第2項は、共同生活住居の退居後において利用者による居宅介護支援事業者の選択が公正中立に行われるよう、指定痴呆対応型共同生活介護事業者は、居宅介護支援事業者又はその従業者から、当該共同生活住居からの退居者を紹介することの対償として、金品その他の財産上の利益を収受してはならない旨を規定したものである。

(12) 調査への協力等
基準第172条の2は、利用者が痴呆性高齢者であることや痴呆対応型共同生活介護の事業が小規模であること等から、利用者からの苦情がない場合にも、市町村が定期的又は随時に調査を行うこととし、事業者は、市町村の行う調査に協力し、市町村の指導又は助言に従って必要な改善を行わ

ら指導又は助言を受けた場合においては、当該指導又は助言に従って必要な改善を行わなければならない。

(準用)
第173条 第8条、第9条、第11条、第12条、第21条、第26条、第32条から第34条まで、第36条から第39条まで、第51条、第52条、第103条、第104条及び第139条の規定は、指定痴呆対応型共同生活介護の事業について準用する。この場合において、第8条中「第29条」とあるのは「第168条」と、「訪問介護員等」とあるのは「介護従業者」と、第32条中「訪問介護員等」とあるのは「介護従業者」と、第51条中「訪問入浴介護従業者」とあるのは「介護従業者」と読み替えるものとする。

なければならないこととしたものである。
　市町村は、妥当適切な指定痴呆対応型共同生活介護が行われているか確認するために定期的又は随時に調査を行い、基準を満たさない点などを把握した場合には、適宜都道府県に連絡をとるなど適切に対応するものとする。
　また、市町村は、都道府県知事が法第70条第1項に基づく指定を行う上で確認すべき事項については、意見書を提出するものとする。(意見書の様式等については別に定める。)
　さらに、事業者は、市町村に対し、当該事業所の運営規程の概要や勤務体制、管理者等の資格や研修の履修状況等の情報について提出するとともに、自ら一般に公表するように努めるものとする。(具体的な情報公開の項目については、別に定める。)
　なお、市町村に対して提出する情報公開の項目は、指定の申請の際に都道府県知事に提出するとともに、施行規則第131条第1項第10号に該当する事項に変更があった場合には10日以内に届け出る必要があるほか、届出の対象にならない事項も含め、少なくとも1年のうち一定の時期に一度(例えば各年度末)情報を更新し、都道府県知事に提出するものとする。

(13) 準用
　基準第173条の規定により、基準第8条、第9条、第11条、第12条、第21条、第26条、第32条から第34条まで、第36条から第39条まで、第51条、第52条、第103条、第104条及び第139条の規定は、指定痴呆対応型共同生活介護の事業に準用されるものであるため、**第3**〔訪問介護〕の3の(1)、(2)、(4)、(5)、(11)、(14)、(21)及び(23)から(26)まで、**第4**〔訪問入浴介護〕の3の(3)及び(4)、**第8**〔通所介護〕の3の(6)及び(7)並びに**第10**〔短期入所生活介護〕の3の(14)を参照されたい。なお、この場合において、準用される基準第8条及び第32条により、(12)において市町村に提出する情報公開項目については、利用申込者又はその家族に対し、文書を交付して説明を行うとともに、共同生活住居内の見やすい場所に掲示するものとする。また、準用される基準第39条により、整備すべき記録は以下のとおりである。
イ　指定痴呆対応型共同生活介護に関する記録
　　a．痴呆対応型共同生活介護計画書
　　b．提供した指定痴呆対応型共同生活介護に係る記録
　　c．緊急やむを得ない場合に行った身体的拘束等に関する記録

　　　　　　　　　　　　　　　　　　　ロ　準用される基準第26条に係る市町村への通知に係る記録

(参考)
※次の規定は、基準省令第173条により、指定痴呆対応型共同生活介護の事業に準用されるものであるため、読者の方の便宜を図り、語句を読み替えて掲載した（下線部分が読み替え部分）。

基準省令	解釈通知
	第3
第4節　運営に関する基準	3　運営に関する基準
（内容及び手続の説明及び同意） 　第8条　指定痴呆対応型共同生活介護事業者は、指定痴呆対応型共同生活介護の提供の開始に際し、あらかじめ、利用申込者又はその家族に対し、第168条に規定する運営規程の概要、介護従業者の勤務の体制その他の利用申込者のサービスの選択に資すると認められる重要事項を記した文書を交付して説明を行い、当該提供の開始について利用申込者の同意を得なければならない。 　2　指定痴呆対応型共同生活介護事業者は、利用申込者又はその家族からの申出があった場合には、前項の規定による文書の交付に代えて、第5項で定めるところにより、当該利用申込者又はその家族の承諾を得て、当該文書に記すべき重要事項を電子情報処理組織を使用する方法その他の情報通信の技術を利用する方法であって次に掲げるもの（以下この条において「電磁的方法」という。）により提供することができる。この場合において、当該指定痴呆対応型共同生活介護事業者は、当該文書を交付したものとみなす。 一　電子情報処理組織を使用する方法のうちイ又はロに掲げるもの イ　指定痴呆対応型共同生活介護事業者の使用に係る電子計算機と利用申込者又はその家族の使用に係る電子計算機とを接続する電気通信回線を通じて送信し、受信者の使用に係る電子計算機に備えられたファイルに記録する方法	(1)　内容及び手続の説明及び同意 　基準第8条は、指定痴呆対応型共同生活介護事業者は、利用者に対し適切な指定痴呆対応型共同生活介護を提供するため、その提供の開始に際し、あらかじめ、利用申込者又はその家族に対し、当該指定痴呆対応型共同生活介護事業所の運営規程の概要、介護従業者の勤務体制、事故発生時の対応、苦情処理の体制等の利用申込者がサービスを選択するために必要な重要事項について、わかりやすい説明書やパンフレット等の文書を交付して懇切丁寧に説明を行い、当該事業所から指定痴呆対応型共同生活介護の提供を受けることにつき同意を得なければならないこととしたものである。なお、当該同意については、利用者及び指定痴呆対応型共同生活介護事業者双方の保護の立場から書面によって確認することが望ましいものである。

ロ　指定痴呆対応型共同生活介護事業者の使用に係る電子計算機に備えられたファイルに記録された前項に規定する重要事項を電気通信回線を通じて利用申込者又はその家族の閲覧に供し、当該利用申込者又はその家族の使用に係る電子計算機に備えられたファイルに当該重要事項を記録する方法（電磁的方法による提供を受ける旨の承諾又は受けない旨の申出をする場合にあっては、指定痴呆対応型共同生活介護事業者の使用に係る電子計算機に備えられたファイルにその旨を記録する方法）

二　磁気ディスク、シー・ディー・ロムその他これらに準ずる方法により一定の事項を確実に記録しておくことができる物をもって調製するファイルに前項に規定する重要事項を記録したものを交付する方法

　3　前項に掲げる方法は、利用申込者又はその家族がファイルへの記録を出力することによる文書を作成することができるものでなければならない。

　4　第2項第1号の「電子情報処理組織」とは、指定痴呆対応型共同生活介護事業者の使用に係る電子計算機と、利用申込者又はその家族の使用に係る電子計算機とを電気通信回線で接続した電子情報処理組織をいう。

　5　指定痴呆対応型共同生活介護事業者は、第2項の規定により第1項に規定する重要事項を提供しようとするときは、あらかじめ、当該利用申込者又はその家族に対し、その用いる次に掲げる電磁的方法の種類及び内容を示し、文書又は電磁的方法による承諾を得なければならない。

一　第2項各号に規定する方法のうち指定痴呆対応型共同生活介護事業者が使用するもの
二　ファイルへの記録の方式

　6　前項の規定による承諾を得た指定痴呆対応型共同生活介護事業者は、当該利用申込者又はその家族から文書又は電磁的方法により電磁的方法による提供を受けない旨の申出があったときは、当該利用申込者又はその家族に対し、第1項に規定する重要事項の提供を電磁的方法によってしてはならない。ただし、当該利用申込者又はその家族が再び前項の規定による承諾

(提供拒否の禁止)

第9条　指定痴呆対応型共同生活介護事業者は、正当な理由なく指定痴呆対応型共同生活介護の提供を拒んではならない。

(2) 提供拒否の禁止

基準第9条は、指定痴呆対応型共同生活介護事業者は、原則として、利用申込に対しては応じなければならないことを規定したものであり、特に、要介護度や所得の多寡を理由にサービスの提供を拒否することを禁止するものである。提供を拒むことのできる正当な理由がある場合とは、①当該事業所の現員からは利用申込に応じきれない場合、②利用申込者の居住地が当該事業所の通常の事業の実施地域外である場合、その他利用申込者に対し自ら適切な指定痴呆対応型共同生活介護を提供することが困難な場合である。

(受給資格等の確認)

第11条　指定痴呆対応型共同生活介護事業者は、指定痴呆対応型共同生活介護の提供を求められた場合は、その者の提示する被保険者証によって、被保険者資格、要介護認定等の有無及び要介護認定等の有効期間を確かめるものとする。

2　指定痴呆対応型共同生活介護事業者は、前項の被保険者証に、法第73条第2項に規定する認定審査会意見が記載されているときは、当該認定審査意見に配慮して、指定痴呆対応型共同生活介護を提供するように努めなければならない。

(4) 受給資格等の確認

① 基準第11条第1項は、指定痴呆対応型共同生活介護の利用に係る費用につき保険給付を受けることができるのは、要介護認定又は要支援認定を受けている被保険者に限られるものであることを踏まえ、指定痴呆対応型共同生活介護事業者は、指定痴呆対応型共同生活介護の提供の開始に際し、利用者の提示する被保険者証によって、被保険者資格、要介護認定等の有無及び要介護認定等の有効期間を確かめなければならないこととしたものである。

② 同条第2項は、利用者の被保険者証に、指定居宅サービスの適切かつ有効な利用等に関し当該被保険者が留意すべき事項に係る認定審査会意見が記載されているときは、指定痴呆対応型共同生活介護事業者は、これに配慮して指定痴呆対応型共同生活介護事業者は、これに配慮して指定痴呆対応型共同生活介護を提供するように努めるべきことを規定したものである。

(要介護認定等の申請に係る援助)

第12条　指定痴呆対応型共同生活介護事業者は、指定痴呆対応型共同生活介護の提供の開始に際し、要介護認定等を受けていない利用申込者については、要介護認定等の申請が既に行われているか否かを確認し、申請が行われていない場合は、当該利用申込者の意向を踏まえて速やかに当該申請が行われるよう必要な援助を行わなければならない。

2　指定痴呆対応型共同生活介護事業者は、居宅介護支援(これに相当するサービスを含む。)が利用者に

(5) 要介護認定等の申請に係る援助

① 基準第12条第1項は、要介護認定等の申請がなされていれば、要介護認定等の効力が申請時に遡ることにより、指定痴呆対応型共同生活介護の利用に係る費用が保険給付の対象となりうることを踏まえ、指定痴呆対応型共同生活介護事業者は、利用申込者が要介護認定等を受けていないことを確認した場合には、要介護認定等の申請が既に行われているか否かを確認し、申請が行われていない場合は、当該利用申込者の意向を踏まえて速やかに当該申請が行われるよう必要な援助を行わなければならないこととし

対して行われていない等の場合であって必要と認めるときは、要介護認定等の更新の申請が、遅くとも当該利用者が受けている要介護認定等の有効期間が終了する30日前にはなされるよう、必要な援助を行わなければならない。

(保険給付の請求のための証明書の交付)
第21条 指定痴呆対応型共同生活介護事業者は、法定代理受領サービスに該当しない指定痴呆対応型共同生活介護に係る利用料の支払を受けた場合は、提供した指定痴呆対応型共同生活介護の内容、費用の額その他必要と認められる事項を記載したサービス提供証明書を利用者に対して交付しなければならない。

(利用者に関する市町村への通知)
第26条 指定痴呆対応型共同生活介護事業者は、指定痴呆対応型共同生活介護を受けている利用者が次の各号のいずれかに該当する場合は、遅滞なく、意見を付してその旨を市町村に通知しなければならない。
一 正当な理由なしに指定痴呆対応型共同生活介護の利用に関する指示に従わないことにより、要介護認定等の程度を増進させたと認められるとき。
二 偽りその他不正な行為によって保険給付を受け、又は受けようとしたとき。

(掲示)
第32条 指定痴呆対応型共同生活介護事業者は、指定痴呆対応型共同生活介護事業所の見やすい場所に、運営規程の概要、介護従業者の勤務の体制その他の利用申込者のサービスの選択に資すると認められる重要事項を掲示しなければならない。

(秘密保持等)
第33条 指定痴呆対応型共同生活介護事業所の従業

たものである。
② 同条第2項は、要介護認定等の有効期間が原則として6箇月ごとに終了し、継続して保険給付を受けるためには要介護更新認定又は要支援更新認定を受ける必要があること及び当該認定が申請の日から30日以内に行われることとされていることを踏まえ、指定痴呆対応型共同生活介護事業者は、居宅介護支援（これに相当するサービスを含む。）が利用者に対して行われていない等の場合であって必要と認めるときは、要介護認定等の更新の申請が、遅くとも当該利用者が受けている要介護認定等の有効期間が終了する30日前にはなされるよう、必要な援助を行わなければならないこととしたものである。

(11) 保険給付の請求のための証明書の交付
基準第21条は、利用者が市町村に対する保険給付の請求を容易に行えるよう、指定痴呆対応型共同生活介護事業者は、法定代理受領サービスでない指定痴呆対応型共同生活介護に係る利用料の支払を受けた場合は、提供した指定痴呆対応型共同生活介護の内容、費用の額その他利用者が保険給付を請求する上で必要と認められる事項を記載したサービス提供証明書を利用者に対して交付しなければならないこととしたものである。

(14) 利用者に関する市町村への通知
基準第26条は、偽りその他不正な行為によって保険給付を受けた者及び自己の故意の犯罪行為又は重大な過失等により、要介護状態等又はその原因となった事故を生じさせるなどした者については、市町村が、法第22条第1項に基づく既に支払った保険給付の徴収又は法第64条に基づく保険給付の制限を行うことができることに鑑み、指定痴呆対応型共同生活介護事業者が、その利用者に関し、保険給付の適正化の観点から市町村に通知しなければならない事由を列記したものである。

(21) 秘密保持等
① 基準第33条第1項は、指定痴呆対応型共同生

者は、正当な理由がなく、その業務上知り得た利用者又はその家族の秘密を漏らしてはならない。

2　指定痴呆対応型共同生活介護事業者は、当該指定痴呆対応型共同生活介護事業所の従業者であった者が、正当な理由がなく、その業務上知り得た利用者又はその家族の秘密を漏らすことがないよう、必要な措置を講じなければならない。

3　指定痴呆対応型共同生活介護事業者は、サービス担当者会議等において、利用者の個人情報を用いる場合は利用者の同意を、利用者の家族の個人情報を用いる場合は当該家族の同意を、あらかじめ文書により得ておかなければならない。

活介護事業所の介護従業者に、その業務上知り得た利用者又はその家族の秘密の保持を義務づけたものである。

②　同条第2項は、指定痴呆対応型共同生活介護事業者に対して、過去に当該指定痴呆対応型共同生活介護事業所の介護従業者であった者が、その業務上知り得た利用者又はその家族の秘密を漏らすことがないよう必要な措置を取ることを義務づけたものであり、具体的には、指定痴呆対応型共同生活介護事業者は、当該指定痴呆対応型共同生活介護事業所の介護従業者が、従業者でなくなった後においてもこれらの秘密を保持すべき旨を、従業者との雇用時等に取り決め、例えば違約金についての定めをおくなどの措置を講ずべきこととするものである。

③　同条第3項は、介護従業者がサービス担当者会議等において、課題分析情報等を通じて利用者の有する問題点や解決すべき課題等の個人情報を、介護支援専門員や他のサービスの担当者と共有するためには、指定痴呆対応型共同生活介護事業者は、あらかじめ、文書により利用者又はその家族から同意を得る必要があることを規定したものであるが、この同意は、サービス提供開始時に利用者及びその家族から包括的な同意を得ておくことで足りるものである。

（広告）

第34条　指定痴呆対応型共同生活介護事業者は、指定痴呆対応型共同生活介護事業所について広告をする場合においては、その内容が虚偽又は誇大なものであってはならない。

（苦情処理）

第36条　指定痴呆対応型共同生活介護事業者は、提供した指定痴呆対応型共同生活介護に係る利用者からの苦情に迅速かつ適切に対応するために、必要な措置を講じなければならない。

2　指定痴呆対応型共同生活介護事業者は、提供した指定痴呆対応型共同生活介護に関し、法第23条の規定により市町村が行う文書その他の物件の提出若しくは提示の求め又は当該市町村の職員からの質問若しくは照会に応じ、及び利用者からの苦情に関して市町村が行う調査に協力するとともに、市町村から指導又は助言を受けた場合においては、当該指導又は助言に従って必要な改善を行わなければならない。

(23) 苦情処理

①　基準第36条第1項にいう「必要な措置」とは、具体的には、相談窓口、苦情処理の体制及び手順等当該事業所における苦情を処理するために講ずる措置の概要について明らかにし、利用申込者にサービスの内容を説明する文書に苦情に対する措置の概要についても併せて記載するとともに、事業所に掲示すること等である。

②　同条第2項は、介護保険法上、苦情処理に関する業務を行うことが位置付けられている国民健康保険団体連合会のみならず、住民に最も身近な行政庁であり、かつ、保険者である市町村が、サービスに関する苦情に対応する必要が生ずることから、市町村についても国民健康保険団体連合会と同様に、指定痴呆対応型共同生活介護事業者に対する苦情に関する調査や指導、

3　指定痴呆対応型共同生活介護事業者は、提供した指定痴呆対応型共同生活介護に係る利用者からの苦情に関して国民健康保険団体連合会（国民健康保険法（昭和33年法律第192号）第45条第5項に規定する国民健康保険団体連合会をいう。以下同じ。）が行う法第176条第1項第2号の調査に協力するとともに、国民健康保険団体連合会から同号の指導又は助言を受けた場合においては、当該指導又は助言に従って必要な改善を行わなければならない。

（事故発生時の対応）

　第37条　指定痴呆対応型共同生活介護事業者は、利用者に対する指定痴呆対応型共同生活介護の提供により事故が発生した場合は、市町村、当該利用者の家族、当該利用者に係る居宅介護支援事業者等に連絡を行うとともに、必要な措置を講じなければならない。

　2　指定痴呆対応型共同生活介護事業者は、利用者に対する指定痴呆対応型共同生活介護の提供により賠償すべき事故が発生した場合は、損害賠償を速やかに行わなければならない。

（会計の区分）

　第38条　指定痴呆対応型共同生活介護事業者は、指定痴呆対応型共同生活介護事業所ごとに経理を区分するとともに、指定痴呆対応型共同生活介護の事業の会計とその他の事業の会計を区分しなければならない。

助言を行えることを運営基準上、明確にしたものである。

(24)　事故発生時の対応

　基準第37条は、利用者が安心して指定痴呆対応型共同生活介護の提供を受けられるよう、指定痴呆対応型共同生活介護事業者は、利用者に対する指定痴呆対応型共同生活介護の提供により事故が発生した場合は、市町村、当該利用者の家族、当該利用者に係る居宅介護支援事業者等に対して連絡を行う等の必要な措置を講じるべきこととするとともに、利用者に対する指定痴呆対応型共同生活介護の提供により賠償すべき事故が発生した場合は、損害賠償を速やかに行わなければならないこととしたものである。

　このほか、以下の点に留意するものとする。

① 　利用者に対する指定痴呆対応型共同生活介護の提供により事故が発生した場合の対応方法については、あらかじめ指定痴呆対応型共同生活介護事業者が定めておくことが望ましいこと。

② 　指定痴呆対応型共同生活介護事業者は、賠償すべき事態において速やかに賠償を行うため、損害賠償保険に加入しておくか、又は賠償資力を有することが望ましいこと。

③ 　指定痴呆対応型共同生活介護事業者は、事故が生じた際にはその原因を解明し、再発生を防ぐための対策を講じること。

(25)　会計の区分

　基準第38条は、指定痴呆対応型共同生活介護事業者は、指定痴呆対応型共同生活介護事業所ごとに経理を区分するとともに、指定痴呆対応型共同生活介護の事業の会計とその他の事業の会計を区分しなければならないこととしたものであるが、具体的な会計処理の方法等については、別に通知するところによるものであること。

(記録の整備)

第39条 指定痴呆対応型共同生活介護事業者は、従業者、設備、備品及び会計に関する諸記録を整備しておかなければならない。

2 指定痴呆対応型共同生活介護事業者は、利用者に対する指定痴呆対応型共同生活介護の提供に関する諸記録を整備し、その完結の日から2年間保存しなければならない。

(26) 記録の整備

基準第39条第2項により、指定痴呆対応型共同生活介護事業者は、少なくとも次に掲げる記録をその完結の日から2年間備えておかなければならないこととしたものであること。
① 指定痴呆対応型共同生活介護に関する記録
　イ 痴呆対応型共同生活介護計画書
　ロ 提供した指定痴呆対応型共同生活介護に係る記録
　ハ 緊急やむを得ない場合に行った身体的拘束等に関する記録
② 準用される基準第26条に係る市町村への通知に係る記録

第4

3

(緊急時等の対応)

第51条 介護従業者は、現に指定痴呆対応型共同生活介護の提供を行っているときに利用者に病状の急変が生じた場合その他必要な場合は、速やかに主治の医師又はあらかじめ当該指定痴呆対応型共同生活介護事業者が定めた協力医療機関への連絡を行う等の必要な措置を講じなければならない。

(3) 緊急時等の対応

基準第51条は、介護従業者が現に指定痴呆対応型共同生活介護の提供を行っているときに利用者に病状の急変が生じた場合その他必要な場合は、運営規程に定められた緊急時の対応方法に基づき速やかに主治医又はあらかじめ当該指定痴呆対応型共同生活介護事業者が定めた協力医療機関への連絡を行う等の必要な措置を講じなければならないこととしたものである。協力医療機関については、次の点に留意するものとする。
① 協力医療機関は、事業の通常の実施地域内にあることが望ましいものであること。
② 緊急時において円滑な協力を得るため、当該協力医療機関との間であらかじめ必要な事項を取り決めておくこと。

(管理者の責務)

第52条 指定痴呆対応型共同生活介護事業所の管理者は、指定痴呆対応型共同生活介護事業所の従業者の管理及び指定痴呆対応型共同生活介護の利用の申込みに係る調整、業務の実施状況の把握その他の管理を一元的に行うものとする。

2 指定痴呆対応型共同生活介護事業所の管理者は、当該指定痴呆対応型共同生活介護事業所の従業者にこ

(4) 管理者の責務

基準第52条は、指定痴呆対応型共同生活介護事業所の管理者の責務を、指定痴呆対応型共同生活介護事業所の従業者の管理及び指定痴呆対応型共同生活介護の利用の申込みに係る調整、業務の実施状況の把握その他の管理を一元的に行うとともに、当該指定痴呆対応型共同生活介護事業所の従業者に基準の第3章第4節の規定を遵守させるため必要な指揮命令を行うこととしたものである。

の節の規定を遵守させるため必要な指揮命令を行うものとする。

(非常災害対策)
第103条 指定痴呆対応型共同生活介護事業者は、非常災害に関する具体的計画を立てておくとともに、非常災害に備えるため、定期的に避難、救出その他必要な訓練を行わなければならない。

(衛生管理等)
第104条 指定痴呆対応型共同生活介護事業者は、利用者の使用する施設、食器その他の設備又は飲用に供する水について、衛生的な管理に努め、又は衛生上必要な措置を講じなければならない。
2　指定痴呆対応型共同生活介護事業者は、当該指定痴呆対応型共同生活介護事業所において感染症が発生し、又はまん延しないように必要な措置を講ずるよう努めなければならない。

第8

3

(6) 非常災害対策
　基準第103条は、指定痴呆対応型共同生活介護事業者は、非常災害に際して必要な具体的計画の策定、避難、救出訓練の実施等の対策の万全を期さなければならないこととしたものである。なお「非常災害に関する具体的計画」とは、消防法施行規則第3条に規定する消防計画（これに準ずる計画を含む。）及び風災害、地震等の災害に対処するための計画をいう。この場合、消防計画の策定及びこれに基づく消防業務の実施は、消防法第8条の規定により防火管理者を置くこととされている指定痴呆対応型共同生活介護事業所にあってはその者に行わせるものとする。また、防火管理者を置かなくてもよいこととされている指定痴呆対応型共同生活介護事業所においても、防火管理について責任者を定め、その者に消防計画に準ずる計画の樹立等の業務を行わせるものとする。

(7) 衛生管理等
　基準第104条は、指定痴呆対応型共同生活介護事業所の必要最低限の衛生管理等について規定したものであるが、このほか、次の点に留意するものとする。
① 指定痴呆対応型共同生活介護事業者は、食中毒及び感染症の発生を防止するための措置等について、必要に応じ保健所の助言、指導を求めるとともに、密接な連携を保つこと。
② 空調設備等により施設内の適温の確保に努めること。

第10

3

（地域等との連携）

|第139条| 指定痴呆対応型共同生活介護の事業の運営に当たっては、地域住民又はその自発的な活動等との連携及び協力を行う等の地域との交流に努めなければならない。

(14) 地域等との連携

　基準第139条は、指定痴呆対応型共同生活介護の事業が地域に開かれた事業として行われるよう、指定痴呆対応型共同生活介護事業者は、地域の住民やボランティア団体等との連携及び協力を行う等の地域との交流に努めなければならないこととしたものである。

出所：痴呆高齢者支援対策研究会『これからの痴呆高齢者支援対策』中央法規出版、2001年、40～68頁。

索　引

【あ】

アセスメント　13, 14, 22
アルツハイマー型　144
安心感　5
医師　117
一方的なケア　16
意欲　5
医療　6, 34, 37, 46
医療サービス機関　6
いわうちわの里　75
ヴィスヘッテン・グループホーム　157
エーデル改革　110, 113, 114, 119, 139
エンスケーデ市　138
オン・ザ・ジョブ・トレーニング（OJT）　35
オンブズマン　40

【か】

介護付き住居（serviceboende）　110, 116
介護保健士　116, 136
外出　53
外泊　53
楓＆メイプルリーフ　85, 87
かかりつけ医　46, 47
画一的な集団処遇　16
可視性→ビジビリティ
家族　6, 20, 51
　──会　54
　──介護相談　55
　──どうしの交流　54
　──面談　55
各科専門医　49
合併症　6
家庭的な環境　4, 9
家庭的な雰囲気　144
環境の変化　11
記憶へのつながり　65
キチネット　134, 156
規模計画　61
嗅覚　67
救急医療　49
行事への参加　54
業務の外部化　30, 31
協力医　48
居室　62
居室空間　62
居住空間　4
喜楽苑グループホーム　91
空間構成　62
暮らしとケアの連続性　25
グループホーム（gruppboende）　114
グループホームケア　21
グループホームしせい　95
グループホーム便り　55
黒子のケア　21
ケアサービスの質の評価　39
ケア体制　26
ケアタウンたかのす　99, 101
ケアのあり方　16
ケアプラン　24, 52
ケアワーカー　117
継続性　9, 38
継続的なケア　8

契約　15
健康　20
健康チェック　49
研修　34，35，161
建築基準法　61，62
建築計画　59
建築形態　61
権利擁護制度　58
小上り　63
高齢者ケア改革→エーデル改革
戸外空間　64
五感　66
個人の尊厳　3
コスト　9
個別のニーズ　23
コミュニケーション　17，18
こもれびの家　69，71，73

【さ】────────────
在宅ケア　7
サインの把握　23
座敷　63
サテライト型　60
サービスハウス（servicehus）　114，131，152
3ロック　11，34
視覚　67
色彩　159
事故・災害時　38
自己決定　5，18
至誠キートスホーム　103
施設ケア　8

施設整備費補助制度　14
自尊心　19
自宅に代わる家　21
市町村等の役割　41
市町村の福祉計画　42
重症化　12
周辺症状　23
シュクヘム（sjukhem）　115，139
主体性　5
書院窓　63
状態パターン　23
少人数の人間関係　4
職員室　65
食堂　63
触覚　67
自立　17
シルビア王妃　161
シルビアホーム　161
人権　34
人権を守る視点　25
スウェーデン　12
スタッフ　26
　──構成　29
　──像　32
　──の態度　32
　──の配置　28，171
　──の要件　32
スーティネン，オーレ　144
ストゥレビー・シュクヘム　105，138
ストランドゴーデン・グループホーム　118
ストレス緩和　17

スピーチロック　34
生活環境　9
生活行為の手がかり　66
生活する主体　4
生活の継続性　5
生活の質（QOL）　3
生活リハビリ　18
生活歴　52
成年後見制度　13
責任体制　27
潜在力の発見　23
全人的なケア　30
洗濯家事室　64
前頭葉型専用ユニット　149
専門的な医療的診断　13
組織一体のケア　22
外に開かれた生活　19
その人らしい生活　3
ソレントゥナ市　121

【た】
対象者　5
台所　63
地域　7, 37
　──との脈絡　59
　──の資源　56
　──の人材　57
小さい集団　19
痴呆研修を受けた介護保健士　116
痴呆症状　10, 12
痴呆専門医　47

痴呆専門看護婦　116
中核症状　23
聴覚　67
デイケア　49
デイケア（dagvård）　114
デイケアセンター併設型　8
トゥンバ市　125, 128
都市部　60
ドラックロック　34

【な】
ナーシングホーム　138
日常生活　16
日常生活動作（ADL）　10, 12
入居開始時　51
入居決定プロセス　13
人間関係　19
認知障害　4
農山村部　60
ノッレゴーデン・グループホーム　146

【は】
バスーネン・グループホーム　152
バックアップ体制　37, 38
バックグラウンド（生活歴や生活特性）18
バックグラウンドアセスメント　23
パートナー　4, 21, 22
ビジビリティ（可視性）　67, 105, 132, 141, 142, 144
一人ひとりのリズム　16
フィジカルロック　34

フォローアップ研修　36
複数ユニット　8
フディンゲ市　131
フリーデル，ソルベイ　159
振る舞いやすい　4
フレール魚崎中町　81
フレール西須磨　83
ブロークリンテン・グループホーム　131
ペース　16
ベック-フリース，バルブロ　161
便所　63
訪問　53
母体施設　60
ボランティアスタッフ　56

【ま】
マルメ市　152, 157
問題解決型の実践教育　163
「問題行動」　4

【や】
ユーティリティ　64

ユニット型　8, 99, 103, 125
浴室　64

【ら】
立地環境　57
立地条件　59
利用者　10
　　──と家族との交流　53
利用料　14, 172
リロケーション　25, 150
隣接敷地　60
ルンド市　146
歴史と沿革　109
レグンボーゲンス・グループホーム　125
レスパイトケア　153
老人ホーム　118, 125, 152
老人ホーム（alderdomshem）　115
炉端の家　77, 79

執筆者一覧（執筆順）

はじめに		外山　義（とやま ただし）	
第1章		小宮　英美（こみや えみ）	NHK東京放送センター解説委員
第2章	1	大熊由紀子（おおくま ゆきこ）	大阪大学大学院人間科学研究科教授
	2	永田久美子（ながた くみこ）	高齢者痴呆介護研究・研修東京センター主任研究主幹
		小宮　英美	
	3	蓬田　隆子（よもぎた たかこ）	グループホームこもれびの家 所長
		橋本　正明（はしもと まさあき）	立教大学コミュニティ福祉学部教授，至誠ホーム長
		永田久美子	
第3章	1	高橋　誠一（たかはし せいいち）	東北福祉大学社会福祉学部教授
	2	福島　弘毅（ふくしま こうき）	全国痴呆性高齢者グループホーム連絡協議会顧問
	3	笹森　貞子（ささもり ていこ）	（社）呆け老人をかかえる家族の会理事
	4	橋本　正明	
第4章		外山　義	
第5章		外山　義	
第6章		小宮　英美	
		外山　義	
		三浦　研（みうら けん）	京都大学大学院工学研究科助手
		石井　敏（いしい さとし）	東北工業大学建築学科講師
資料編		外山　義	

※　なお、本書は「痴呆性高齢者グループホームの将来ビジョン」（財団法人医療経済研究機構、1999年3月）及び平成10年度老人保健健康増進等事業による研究報告書「痴呆介護技術に関する海外調査研究報告書」（日本社会事業大学、1999年3月）を基に加筆・再編しました。

編著者紹介

外山　義（とやま　ただし）

1950年　生まれ
1974年　東北大学工学部建築学科卒業
1988年　スウェーデン王立工科大学博士号授与
　　　　国立医療・病院管理研究所室長、東北大学助教授を経て、
1998年　京都大学大学院工学研究科教授
2002年　没
1990年度日本建築学会奨励賞受賞。
「痴呆性老人介護に関する調査研究」委員会グループホーム班主査。
主な作品に痴呆性高齢者グループホームこもれびの家、特別養護老人ホームおらはうす宇奈月。
著　書　『クリッパンの老人たち―スウェーデンの高齢者ケア』（ドメス出版）、
　　　　『グループホームケアのすすめ』（共著）（朝日カルチャーセンター）など多数。

グループホーム読本

2000年3月1日　初版第1刷発行　　　検印廃止
2004年10月20日　初版第9刷発行

定価はカバーに表示しています

編著者　外　山　　　義
発行者　杉　田　啓　三
印刷者　田　中　雅　博

発行所　株式会社　ミネルヴァ書房
607-8494　京都市山科区日ノ岡堤谷町1
電話代表　075-581-5191
振替口座　01020-0-8076

©外山　義, 2000　　　創栄図書印刷・清水製本

ISBN4-623-03218-3
Printed in Japan

風かおる終の棲家

風の村記録編集委員会著／設計監修　外山　義
四六判／216頁／本体1800円

●もしわたしが暮らすとしたら…，から始まった私たちの特別養護老人ホーム作り　2000年2月に開設した特別養護老人ホーム「風の村」。グループホーム的ケア，少人数介護を導入し，全室個室とした形態で注目されています。開設までの足跡をたどるとともに「風の村」開設1年の様子と今後の展望をひらく。

個室・ユニットケア読本 実践編

特別養護老人ホーム「風の村」著
A5判／208頁／本体2000円

●特養「風の村」のハードとソフト　2001年度に制度化された「新型特養」のモデルになった「風の村」のハードとそれを生かすソフトのすべてをわかりやすく紹介。福祉関係者が今もっとも知りたい問いに答える手引き書となる一冊。

――――――― ミネルヴァ書房 ―――――――
http://www.minervashobo.co.jp/